没有教不好的孩子 只有不会教的父母

睿涵◎著

应急管理出版社
·北 京·

图书在版编目（CIP）数据

没有教不好的孩子，只有不会教的父母/睿涵著．
--北京：应急管理出版社，2019

ISBN 978－7－5020－7576－7

Ⅰ．①没…　Ⅱ．①睿…　Ⅲ．①家庭教育　Ⅳ．①G78

中国版本图书馆 CIP 数据核字(2019)第 124871 号

没有教不好的孩子，只有不会教的父母

著　　者　睿　涵
责任编辑　高红勤
封面设计　吕佳奇

出版发行　应急管理出版社（北京市朝阳区芍药居 35 号　100029）
电　　话　010－84657898（总编室）　010－84657880（读者服务部）
网　　址　www. cciph. com. cn
印　　刷　北京铭传印刷有限公司
经　　销　全国新华书店

开　　本　880mm×1230mm 1/32　**印张**　6　**字数**　180 千字
版　　次　2019 年 7 月第 1 版　2019 年 7 月第 1 次印刷
社内编号　20192199　　　　**定价**　29. 80 元

好父母决定孩子好未来

（代序）

每个家长都有一个最朴实的梦想，就是希望孩子有个好未来。所以花了很大力气，用尽了心血去培养。可是有时候却事与愿违，家长付出了很多，孩子却没长成家长心目中理想的样子。所以有的家长给孩子下了一个“天生就这样”的定义，并表示不是自己不管，而是因为秉性难移，管不了。

真的是这样吗？当然不是。人之初，性本善。每个孩子生下来都是一个天使，长成什么样子完全决定于后天的因素。

孩子都是一样的，但是，父母在养育的过程中却把他们变成了不同的样子。孩子好不好，关键不在于孩子，而在父母的教育和引导。会教育孩子的父母，能把孩子培养成为一个优秀的人；而不会教育孩子的父母，除了让孩子变得平庸外，孩子还可能成长为坏孩子、熊孩子、叛逆孩子。孩子成长的方向盘是握在父母手里的。你的教育方式、教育态度、学识、见识、格局，都影响着孩子未来的发展。

所以想教育好孩子，把孩子培养成人，一定得先懂孩子、懂教育，做一个会教育孩子的父母。

那么怎样做会教育孩子的父母呢？没有人是生来喜欢被管教的，你的教育应该如春风化雨，滴滴入心，而不是像悬在孩子头顶上的利剑，让孩子望而生畏，从而在心里跟你产生隔阂。会教育孩子的父母，从来不以父母的权威和大棒打压孩子，不做孩子成长路上的差评师，而是做孩子的向导和灯塔，和孩子一起成长，一起进步。他们在孩子年幼的时候，是一个暖身的父母，怀抱永远是孩子的依靠；在孩子青春期的时候，是一个暖心的父母，让孩子永远感到有人懂他。

孩子和不和你亲，和不和你好，优秀不优秀，完全取决于你的教育和方法。如何教育孩子是一门学问，也是躲不开的话题。本书作者是一个多年从事家庭教育的宝妈，家庭教育文章撰写者，身体力行地践行正面管教与温柔管教多年。作者在这本书中，用自己养育孩子过程中的真实案例和身边朋友的养育经验，分析教育误区，告诉大家怎样管教孩子才稳妥，怎样管教孩子最相宜，为因为教育孩子深感迷茫的你点一盏心灯，拨开一片云雾。

作者

2019

目 录

CONTENTS

第一章 唠叨永远不是爱

第二章 比成绩重要的是成长

第一章

唠叨永远不是爱

爱的方式有很多种，但是有一种却让人又爱又恨，那就是唠叨。家长们总喜欢把自己对孩子的叮嘱和期盼放进唠叨里，可是，在孩子的眼中，喋喋不休的唠叨从来都不是爱。

没有孩子喜欢被说教

为了让孩子在成长中少走弯路，很多家长喜欢耳提面命地叮咛，苦口婆心地说教，可是你知不知道，唠叨从来不能代表爱。

我的小外甥阳阳 13 岁了，因为处在青春期，而且马上就要小升初了，阳阳的妈妈非常不放心，每天在阳阳耳边一遍遍叮嘱他要好好学习，在生活上也是事无巨细，千叮万嘱。有一阵子网络上出现了校园霸凌的新闻，妈妈更是敏感地每天叮嘱孩子，遇到有同学欺负他一定要告诉老师，如果不敢告诉老师的话一定要告诉家长，爸爸妈妈是大人，能帮他解决。说实在的，这些对于孩子的成长都很实用，可是阳阳却不领情，每天还没等妈妈开口，就先捂起了耳朵。更让人想不到的是，他在日记上悄悄写道：我最讨厌最讨厌的人是妈妈，每天唠唠叨叨，烦死了。并且有一天，他竟然因为和妈妈拌了几句嘴而离家出走了。

自然，他出走的目的地是我家。看到他，我非常惊讶，当知道他是离家出走时，我更是责备他不懂事，害得妈妈担心。谁知他说：“小姨你放心吧，我妈妈不会担心的，因为她根本就不爱我！”

阳阳的话让我吓了一跳，我姐姐怎么会不爱他呢？姐姐有严重的高血压和心脏病，是冒着生命危险生下他的，当时姐姐因为身体原因需要提前剖腹，他成了早产儿，为此姐姐内疚了好久。等姐姐身体恢复了，便想着各种方法弥补他。姐姐不仅爱他，简直是拿命来爱啊！

不过等阳阳陈述完之后，我却打了一个寒战，如果我的妈妈这样做，换我回到外甥的年纪，我真的也很难想到妈妈是爱我的。

阳阳说，每天早上，只要睁开眼睛，妈妈那一套说辞便开始了：快点穿衣服读读英语，把英语音频打开，你自己的发音不规范；上学的时候看着点路，上课好好听讲，别贪玩；回来先写作业，之后再玩，都什么时候了，还想着玩；数学题做完了？那再做点语文，劳逸结合……

阳阳的妈妈的爱确实是为孩子好，不过这份爱，真的有些让人难以承受，因为唠叨就代表不信任、不放心、不认可，这样的爱，怎么能让孩子心甘情愿接受呢？

唠叨永远不是爱。记得小时候，妈妈越唠唠叨叨让我做的事，我越不愿意去做，相反，妈妈不让我做的事情，我倒是有极大的兴趣去尝试一下。当时我也觉得妈妈不爱我，她爱我为什么什么事情都不让我去做？为什么就不相信我已经长大了，还把我当成三岁的小孩子呢！

当时我就想，等我将来有了孩子的话，一定不对他唠唠叨叨。谁知道当我自己有了孩子之后，却又重复了妈妈的老路，总是害怕孩子不明白、记不住，唠叨个没完。我儿子小时候和我的关系非常亲密，自从上了小学五年级，青春期来临之后，我察觉到我们的关系正在逐渐拉远，他也不止一次在作文里宣泄“妈妈就是不喜欢我，不爱我”的想法。有一次我们因为一件小事吵了起来，他竟然气冲冲地说知道我烦他，他找爸爸去，省得我烦。

也是从那次开始，我才反省自己是不是太过啰嗦，给孩子施加了太多的压力，才让孩子有了这样偏激的想法。

后来我和儿子做了一次深入的交谈，我问他是不是因为不喜欢妈妈唠叨，才这样的呢？他说：“是啊，我已经不是小孩子了，什么都知道了，你怎么总说个没完？你说的那些，我一次就都记住了，真的不需要你说很多遍。”

其间我问他，为什么都知道还不按我说的做，他说了一句让我思考许久的话。他说：“我也不知道为什么，知道你说得对，就不想按你说的做。其实，如果你不说，我是挺愿意那样做的！

而且最重要的一点，你唠叨的时候，我就觉得你不爱我！”

听完这一句话，我想问他：“我不爱你谁还爱你？”但是我打住了，任何一个人在我们身边唠唠叨叨，我们也会烦，何况是一个孩子。而且孩子评判一个人爱不爱他的标准真的很奇妙，你总说我，便是不爱我，你总看我不好，就是不爱我，当孩子认为你不爱他，你说再多的话都没有意义，都进不到他的脑子里面去。唠叨真的不是爱。

那在孩子眼里什么才是真正的爱？是信任、是理解、是包容。

这是我的好朋友潇潇告诉我的，她有一个16岁的儿子，一般正值青春期的男孩都有些叛逆，什么都不愿意和家长说，但是他们家孩子却不一样，小伙子不仅什么都喜欢和妈妈说，还和妈妈是好朋友，经常和妈妈探讨问题，让我们一众人等都羡慕不已。而她告诉我们的秘诀就是，少唠叨，当孩子的倾听者。你只有把孩子当成一个和你一样的大人，他才愿意和你交心，他才能感受到你传达出来的爱。她说，没有孩子喜欢被大人管，喜欢被说教，他们，尤其是男孩子，更渴望别人把他当成一个能独当一面的大人。

是啊，谁又喜欢被人说，被人盯着，被教化呢？大人不喜欢，小孩子更不喜欢。

我们非常非常爱自己的孩子，因为爱，所以给了孩子“心肝宝贝”这个称呼，因为爱，害怕他们受到一点点伤害，也因为爱，不厌其烦地在孩子耳边叮嘱告诫，从而变得唠唠叨叨。可是，唠叨真的不是爱，没有人喜欢被说教，它们都会是套在孩子脖子上的枷锁，从而让孩子远离我们。

赞美才是孩子最愿意听的话

星期天一大早，朋友小微就向我诉苦，她和儿子今天早晨吵起来了。争吵的原因是，孩子写作业的时候字写得非常潦草，她看见了，马上骂孩子不好好写字，还警告他写不好就撕了重写。没想到她刚说完孩子竟然发起了脾气，不仅把作业本塞在了书包里，还扬言不写作业了。气得她把儿子揪过来揍了一顿。小微喋喋不休地说："什么孩子？什么脾气？你写错了，我还不能说了？"

我告诉她，能说，但是还真不能这样说。

世上没有人喜欢听指责的，尤其是虚荣心极强的小孩子。小微的儿子小新，今年 12 岁，正赶上叛逆的青春期，这样直言不讳地指责，不吵起来才怪。

不久前我和儿子瑞瑞之间也发生过一次类似的事件。事件的起因也是写作业，他今年初三，面临中考，作业比较多，知识点也多，而他掌握得又不是很好，做的时候经常出现很多错误，有的甚至是非常简单基础的错误，而我又是个看见错误就不想放过的人，于是经常会发生争执。那天，他做一道解分式方程的数学题，全程居然没去分母，带着分式一直算到了最后。这样算当然容易出错，一次次和答案对不上之后，瑞瑞哭着向我求救。

一看题目我马上生起气来，分式方程是初中二年级学过的知识，当时他学的时候就不知道先去分母，结果算的时候总出错。我当时就一再强调解题方法。可是，现在都到了初三复习阶段了，他还是犯以前的错误，这不是无可救药了吗？想到这里我怒火中烧，没有马上为他讲解，而是恨铁不成钢地开始了指责："都什么时候了，这样简单的题也不会做！初中二年级的孩子都会做！你还想不想好了，上课都学什么了？"

谁知还没等我说完，儿子竟然从书桌前站起了起来，把一摞教材放在我面前说："你会，你不会忘，你都知道行不行？我就是笨了，我上课就是睡觉了！你走，我就是不做也不问你了！"说完还打开了房门，说他的房间里不欢迎我，让我出去。

这当然触及到我的底线了，我开始更激烈地数落，儿子在一边狂捂耳朵。最后是孩子的爸爸为我们解了围。我们正闹得不可开交的时候，孩子爸爸回来了，听完了事情的原委，对我说："这就是你的不对了，孩子问你一个题，你就着急上火，难怪孩子生气。这是爱学习的孩子，要是不爱学习的孩子，不会做早就放在一边了，让你看都看不见！"他这样一说，瞬间打开了儿子委屈的闸门。儿子转向他，喋喋不休地诉说着委屈：“就是，我不会了才问你的，要是会我不就做出来了吗？谁能把学过的知识全记住啊，你不告诉我就不告诉我呗，还骂我！你骂人谁愿听啊！”

我虽然有些不甘心，还是不得不承认他说得有点道理，高高兴兴地跑过来问我题，竟然被我骂了一顿，换谁心里也不会舒服的。

想到这里，我平复了一下心情，淡淡地说：“好了，我不骂你了，哪儿不会，过来，我教你！”儿子看了我一眼，顺从地走了过来，我们之间从鸡飞狗跳又回到了母慈子孝。事后儿子向我道歉，他说不应该和我吵，可是我当时说的话太难听了，他忍不住才和我吵的，要是我好好和他说，他绝不会和我吵。他说：“我们虽然是孩子，但是我们也喜欢听赞美的话，你就不能像爸爸一样转变方式去说吗？”

儿子的话让我一愣，瞬间想到一个很久以前看到的故事。一个一年级的小女孩在写字，写得不好，孩子妈妈在旁边边看边骂：“你怎么把字写得这样难看，再写不好就别吃饭了！”骂完还狠狠地瞪了小女孩一眼。小女孩被骂得眼泪汪汪的，写的字更难看了。这时候正巧一个老师走了过来，她看了一眼小女孩的字说：“哎哟，你的字比我们班的小朋友写得好多了，来让我看看，都哪个写得好看！”说着拿过了小女孩的本子，指着几个字说："这几个字写得太好看了，你快过来看看，都像小书法家写的字了。"小女孩兴奋地跑过来，看着自己写的字，高兴坏了。这时，这位老师又说："可是有几个字不太好看，你能不能也写得像那几个字那样好看呢？"

小女孩大声说："能！"说完拿过橡皮擦，把老师说的那几个字擦了，认真地写起来，写完之后又把其他看着不好的字也一个个擦掉了。

小女孩的妈妈又高兴又惊奇，不住地感谢老师。老师说："孩子都喜欢听好话，你要多鼓励孩子，而不是责怪孩子。"

我看故事时就发誓一定好好和孩子说话的，多鼓励，少指责，今天我怎么也犯了这样的错误？

经常听到家长反映自己和孩子的关系不好，其实很大的原因都是出在父母喜欢指责孩子上。家长们往往本着对孩子负责任的考量，秉承着"爱之深，责之切"的理念，发现孩子的错误和不足，总是一针见血地指出来，语言尖锐，措辞刻薄，放在我们自己身上都不愿意接受，孩子能愿意听吗？能不和我们吵吗？

我知道，大家的想法和我一样，都是为了孩子好。可是孩子真的很难从别人的指责中听出对自己的爱、好和满意来的。记得小时候，有一次我考试，数学、语文都考了 100 分，而且是班里唯一考双百分的孩子，老师奖励了我一张大奖状。我高兴坏了，回家第一件事就是把奖状和试卷拿给妈妈看。谁知道妈妈看都没看，说有什么好高兴的，还不是瞎猫碰上死耗子。我满腔的高兴劲儿一下子被浇灭了，从此以后什么都不愿意告诉妈妈。现在我知道，妈妈是不想让我骄傲，但是我当时只感觉她对我不满意，认为自己还不够好。

那孩子喜欢听什么样的话呢？就像我儿子说的一样，喜欢听赞美的话，儿子小时候不喜欢说英语，经常被我批评，可是有一次，我听他跟着电视广告说了一句英语，马上发现他发音挺标准的，于是就告诉他："儿子，你英语说得真好听。"那之后，每当播英语广告，儿子都跟着学，还主动读起了英语课文。

儿童教育学家说过，想要孩子优秀，你就夸他，夸他，再夸他，用放大镜去找到他身上的优点，用缩小镜看他身上的缺点。孩子都是喜欢听赞赏话的，他们能在赞赏中得到认可，得到信心，更能得到鼓励。有专家经过研究发现，经常被赞美的孩子，比一般的孩子要自信，也比一般的孩子更可能取得成功。

孩子的成长不需要"毒舌"，赞美才是他们最愿意听的话。

给孩子贴标签是对孩子最大的伤害

不知道从什么时候开始，家长们非常喜欢给自己的孩子贴标签。一天我到学校门口接小侄子，听到几个家长在聊天，一个说："我们家的孩子看见谁都不愿意吱声，像不会说话似的，要多气人有多气人，这不是内向吗？"另一个说："可不是吗？我们家孩子也是，还不爱学习，一让他写作业就头疼，一定没什么出息！"而旁边的一个家长更是接口说道："谁说不是呢？我们家的孩子就是，一让写作业就说脑袋疼，我看他就不是学习的料！"

家长们喜欢给孩子贴标签，主要是孩子身上都有这样那样的小毛病，在家长眼里总是差强人意，于是，家长便"恨铁不成钢"地给孩子贴上了标签，想让孩子"引以为戒"，改掉身上的坏毛病。可是他们不知道，轻轻松松地给孩子贴上的这张标签，对孩子的伤害有多大。

我们小区有一个叫浩浩的小男孩，总是独来独往，在一个小区住了很多年，我从来没看见这个孩子和谁快乐地打过招呼，和哪个小朋友愉快地玩耍过。后来通过一次和邻居的聊天得知，他之所以这样，完全是因为他妈妈在他小时候给他贴的标签。

这个孩子小时候生得比别的孩子矮，也比别的孩子瘦，还比较害羞，不太爱笑和说话。他妈妈就认为他胆小、内向、不合群。他妈妈不仅很少带他参加公众场合的活动，有小朋友来找他玩的时候，还万般阻挠。在亲戚朋友面前也一次次说孩子胆小、内向、不合群。慢慢地，孩子就成了今天这个样子。

为什么妈妈不经意的一句话，对孩子的影响这样大？心理学家经过研究发现，孩子对自我的评定，都是通过外人的评定来感知的。而给他们贴上的标签，恰恰被他们当作了自己的标志，久而久之，就会真的长成“标签”的样子。

我也是“标签”的受害者。我小时候胆子小，爸爸妈妈也不经常带着我出门，所以我出门的时候比较害羞，不太喜欢说话。妈妈带我到哪里去，人家如果不问我，我从来不会主动说话。可能妈妈觉得这样很不礼貌，很没面子，每次介绍我的时候，还没等人家说什么，一定先说一句：“这孩子和别的孩子不一样，不爱说话。”原本我也想像电视上的小朋友一样甜甜地和人打个招呼的，听妈妈这样一说，就真的不想说话了。并且想当然地认为，自己就是和别的孩子不一样，我不说话不打招呼很正常，性格也越来越内向。直到后来上了大学，接触了不少志同道合的同龄人，才稍微好了些。

大人都喜欢给孩子贴标签，有的是出于“保护”孩子，就像我妈妈，怕遭到其他人的非议，自己制作了一个挡箭牌。也有的就是看到一个现象，给孩子下的定义，比如孩子放学没写作业，就给孩子贴上“不愿意学习”的标签，孩子先看电视再写作业，就给孩子贴上一个“喜欢看电视”的标签，孩子嬉戏打闹，偶尔推人打人，就给孩子贴上一个“爱打人”的标签。不过，不论是出于哪种目的，给孩子贴的标签，结果都是一样的，孩子会越来越按照你给他贴的标签的样子成长，而且，就像胶带一样，你标签贴得多牢固，撕下去就有多费力。

浩浩三四岁的时候，妈妈给他贴上了一个“内向，不合群，不喜欢和小朋友玩”的标签，后来妈妈意识到自己的标签对孩子产生了影响，一次次告诉浩浩，他是一个活泼的孩子，可以和小朋友玩耍，并且要多和小朋友玩耍。但是浩浩已经习惯了独自玩耍，到了人群里会不由自主地紧张、不自在，到现在仍然喜欢独来独往。

那么，给孩子贴上一个“坏”标签，孩子会变得越来越“坏”，给孩子贴上一个好的标签，情况就会好吗？

萌萌是一个乖巧的小女孩，爸爸妈妈非常喜欢她，人前人后都夸她是一个乖孩子。为了得到家人的夸赞，萌萌做什么事情都问一下爸爸和妈妈，什么事情都按照爸爸妈妈的要求做，一点儿都没有主见。有一次萌萌过生日，来家里做客的小姨要带她出去玩，让她选一个目的地，萌萌也要让爸爸妈妈帮忙挑选。小时候这样，长大了也一样，高中文理科分班的时候，老师让学生自主选择，萌萌文科的成绩突出，却听从了爸爸的建议选了理科。结果物理和化学严重拖后腿，考试连连失利，最后只上了一个二本院校。

所以说，无论给孩子贴什么样的标签，对孩子来说都是一种伤害。孩子是一直在成长的，也是不断变化的，今天做事慢吞吞的孩子，随着年龄的增长、动作的娴熟，也会行动迅速起来。但是你给他贴上一个“慢”的标签，可能他一辈子都会慢腾腾的。

孩子不是一成不变的，但是标签就像一块模板，会把孩子“排版”“定型”，把孩子禁锢在一个模子里。每个家长都希望孩子有一个好的未来，但是，让孩子有一个好未来的办法，从来都不是给他贴一张标签，而是陪着他一起成长，一起经历成长的风雨和美好。

成长就是犯错再修复

家长喜欢唠叨孩子，很大的原因是害怕孩子犯错，想给孩子一个指引，让他们在成长的路上，少犯错，少走弯路。可是，有一句话说得好，你现在少走的路，将来总是要还的。孩子的成长就是犯错再修正，再犯错，再修正的过程。

有这样一个故事，一个孩子每周日都要去外婆家。去外婆家有一条大路和一条小路，其中小路的旁边有一个池塘。孩子的爸爸担心孩子在路上贪玩，不安全，总让孩子走大路，甚至用吵着、骂着、警告着的方法告诉孩子必须走大路。可是孩子却喜欢走小路，不管爸爸怎么唠叨，他也偷偷走小路。有一天，孩子在小路走着的时候，突然从一家门里冲出一条大狗来。孩子从小就怕狗，马上吓得大哭起来，从那以后再也不吵着走小路了。

有很多时候，不停地提醒、督促，孩子是不会听的，而且还会在心里闹别扭，偏偏想办法证明自己是正确的。只有他们自己去尝试，碰了钉子，意识到这么做真的行不通时，才会心甘情愿地接受别人的意见和建议。最好的办法，就是不要害怕孩子犯错，吃一堑长一智，让孩子自己汲取教训。

瑞瑞小学二年级的时候，做什么事情都三心二意、粗心，怎么提醒也不听。有一次学校老师让交100元钱，我着急上班，就把钱交给他，让他自己拿给老师。谁知道他的裤子口袋破了一个洞，他不知道，等到学校的时候，钱早已经不见了。听到他惨兮兮地告诉我钱丢了的时候，我真想狠狠地骂他一顿。后来转念一想，钱已经丢了，我就是再骂他、打他，钱也找不回来了，而且给孩子钱的时候，我也没提醒他好好拿着，更没有检查一下他的口袋，钱丢了我也有很大责任呢。与其责骂他，不如告诉他把钱放好，免得以后再犯这样的错误。想到这里，我平复了一下情绪，告诉他，钱丢了就丢了吧，妈妈不怪你，但是要记住这个教训，以后不要再发生这样的事情。瑞瑞听了高兴地点了点头，告诉我他一定拿好了，再也不会把钱弄丢了。从那以后，儿子真没有弄丢过钱。最有意思的是，每次出门前，儿子都要检查一下口袋，看有没有洞，东西会不会掉出去。

没有人生来什么都知道，什么都会，什么都能做好，成长就是一个学习的过程。而学习的形式就是在一次次错误和失败中汲取经验。让孩子在成长的过程中不出错、不犯错，不仅不科学，而且不人道，更是不可能的事情。所以，在孩子犯错误的时候，不要唠叨、指责，而应引导和指导，告诉他经验和方法，避免以后犯同样的错误。

龙龙是一个淘气的小男孩，最喜欢做的事情就是东拆西拆，一探究竟。他想研究家里的电暖风已经“蓄谋已久”了。这天，爸爸妈妈都上班去了，只有他一个人在家，他便找来了工具，把小电暖风拆开了。本来以为拆开看看就装回去，神不知鬼不觉，爸爸妈妈一定不会发现的，但是在装的时候却遇到了困难，有两个零件怎么也装不回去了，把他急得没有办法，爸爸妈妈下班回来，他还坐在地上对着那两个零件发愁。

一看到满地狼藉的样子，爸爸妈妈马上明白怎么回事了。爸爸冲动地想抬手教训一下龙龙，这个电暖风是他托朋友从外地带回来的，价格不菲，都没有用过几次。可是转念一想，拆都拆了，把孩子打哭了，不也不能改变这个事实了吗？眼下的问题是，把电暖风装好，同时让孩子知道不能随便拆电器，那样很危险。于是爸爸坐下来，把儿子装上的电暖风拆开，又重新组装上。边组装边告诉龙龙，虽然断了电，但是电器里面有不少组件，还是很危险的。他要想拆东西，研究里面的构造，可以等以后长大一点儿，学了相关的知识再拆。并且把家里一个废旧不要的闹钟和钟表找出来，告诉他可以拆开看看里面的结构。

孩子都有好奇心，表现出来有时候就是强烈的求知欲，疏大于堵，责骂、唠叨很多时候只是在表面上制止了孩子的行为，却不能从根本上解决孩子的问题。最好的解决办法，是让孩子从心理上知道自己做得不正确，从此改正。

没有孩子是不犯错的。莎士比亚曾经说过，最好的好人，都是犯过错误的过来人，一个人往往因为有一点儿小小的缺点，将来会变得更好。孩子只有在一次次错误中学习，才能吃一堑，长一智，成长起来。可以说，孩子成长的路，都是一个个错误铺就的，不让孩子犯错，孩子就不会成长。

朋友给我讲了一个她邻居家孩子的故事。她的邻居是一个完美主义者，所以也要求孩子什么都是完美的。为了让孩子不犯错，她什么都不让孩子做，什么都亲力亲为，孩子已经五六岁了，每顿吃饭的时候，还让家长喂饭。现在这位邻居最担忧的一件事情就是，孩子下学期上小学了怎么办，学校要求中午在食堂吃，孩子不会用筷子和勺子，该怎么吃饭。

我见过朋友口中的这个邻居的孩子。那次我到朋友家做客，她刚好和她妈妈在那里。她都五六岁了，软塌塌地往妈妈怀里一靠，没有一点儿小孩子应该有的活力。我很心疼，给她一个橘子，让她自己剥了吃。谁知道她把橘子递给了妈妈，说自己剥不好，让妈妈剥。妈妈剥橘子的时候，我好奇地提醒她，这样大的孩子，可以让她自己剥了。妈妈看了看我说："你不知道，有一次让她剥橘子，把橘络都吃了，她什么也做不好，她自己弄，我不放心。”

可是，你不给孩子做事情的机会，孩子又怎么能学会呢?你不告诉她该怎么做，她又怎么知道什么是对的呢?

在教育孩子的时候，我最喜欢的一句话就是，成长的路上，该经历的，一定要让孩子经历，该犯的错误一定要让孩子犯一下。有很多事情，大人的大道理讲得再天花乱坠，孩子都不认可、不遵从，只有让他吃一点儿“苦头”，尝一下滋味，他才能相信你的话是正确的。家长能护得了孩子一时的风平浪静，却不能为他抵挡一世的风雨。所以，允许孩子犯错，并告诉他在错误中汲取经验，才是我们更应该为孩子做的。

孩子再小，也愿意自己感受成长

很多家长认为孩子小，什么事情都做不好，所以做任何事情都亲力亲为，不让孩子自己动手做。其实呢，这不仅让孩子缺少动手实践的能力，还会伤害孩子的心。

瑞瑞小的时候，有一次我要带他去姨妈家，急急忙忙帮他穿衣服。可是那段时间他才学会自己穿衣服，非常喜欢自己穿。所以，穿衣服这件事，他总是抢着要自己来，我给他穿衣服他一点儿都不配合，我给他系鞋带，他拉开了拉链，我帮他把拉链拉上，他又把帽子摘下来了，还一直小声嘀咕："我不用你，我就是要自己来！"后来我实在没办法，只好采取强硬的措施，把衣服给他穿上，强行带出家门。谁知道他脾气非常大，一路上都在闹情绪，不开心，到了姨妈家也没好转。姨妈看到他不高兴，急忙问他怎么回事。他抽抽搭搭地告诉姨妈，他都会穿衣服了，妈妈还帮他穿。姨妈听了，笑着说他是"小矫情"，我却没有笑。因为他的话让我想起了我们班小朋友的事。

我在学校教二年级，有一年，学校过“六一”，每个班都要画黑板报。早上我一到学校，就发现孩子们已经站在黑板前忙碌上了。孩子们太小，黑板又太高，他们需要站在凳子上才能画到黑板中间去。这还不算，他们会认会写的字不多，有很多字写不上来，要问我。看他们这样费力，我便自告奋勇帮他们画，我自认为很民主，画花朵的时候，问他们画什么花，画白云的时候，问他们画几朵。没一会儿工夫，黑板报就画好了，用孩子们的话说，是要多漂亮有多漂亮。

可是虽然我给他们画了一个漂亮的黑板，但我没在这些小家伙的眼睛里看出高兴来，连开始那股高兴劲都没有了。我觉得很奇怪，便清了清嗓子问他们：“老师画得不好看吗？”

“好看！”他们几乎是异口同声地回答。

“好看你们怎么好像不高兴呢？”我又问。

大家都不说话，过了一会儿，一个最敢说话的小女孩看着我，怯生生地说：“老师，我们想自己画。”我当时还没有反应过来，继续追问：“你们会画吗？”问完我就发现自己问错了，这是孩子们的节日，哪有画得好不好、对不对的说法？孩子想自己为自己庆祝节日，有什么不好呢？于是我把我画的擦下去，让他们按照自己的意思重新来画。听到我让他们自己画，笑容才重新回到孩子们的脸上。

班里几个孩子的故事和儿子身上发生的情况多么相似！孩

子虽然小，但是也意识到自己是独立的人，自己的事情，也想自己伸手做一下，所以虽然我帮他穿上了衣服，他还是会不高兴。他就是想熟练一下这个新技能，尝试下自己的事情自己做的喜悦。

孩子是有自己做事情的欲望的，所以他们能握勺子的时候，就想着自己到碗里面舀饭吃，刚会走路的时候，一有空就在屋子里面跑来跑去，他们也有一颗探索和尝试的心。只是，很多时候，我们做家长的，或者做长辈的，因为他们小，害怕他们做不好，有意无意地剥夺了孩子这一权利，就像朋友的邻居一样。可是被剥夺了感受成长机会的孩子，是体会不到成长乐趣的。我们每个人都希望孩子有一个美好的未来，那么，就要把孩子成长的权利还给孩子。

自从发生了“穿衣服控诉”那件事情之后，我开始转变方式，尽量呵护孩子想要做事情的欲望，不打扰他探索世界的积极性。

我首先做的，就是把成长的权利交还回去，什么事情都让他自己做，自己去感受，衣服自己穿，饭自己吃，上洗手间也自己整理，就连他的小衣服、小鞋子，我也专门在网上买了一个收纳柜，让他自己管理。

那时候，他刚开始学穿衣服、穿鞋子，用筷子吃饭，每一件事情都做得乐此不疲，兴趣盎然，意犹未尽。不过这样做也有这样做的烦恼，几乎每次瑞瑞自己吃完饭，我都要清理好一会儿他掉下来的饭粒；他在洗手间洗完手、洗完脸，我都要清理一次。

但是，我依旧让他自己做，就连穿哪件衣服出门，也是他自己说了算。当时是妈妈帮我照顾孩子，看到我这么做非常反感，不止一次说我把小孩子当成大孩子，一次竟然发狠说，我再这样带孩子，就让我自己带，她眼不见心不烦。不过瑞瑞倒是挺受用的，什么事情即使做不好也自己抢着做。

有一次，瑞瑞过生日，为了让瑞瑞感受到生日的快乐，我找了小区里的好几个小朋友来家里玩，看到有好多小朋友来，瑞瑞很兴奋，对我说想自己给小朋友切蛋糕。我妈妈听了，脸马上就绿了，一下子把刀子藏起来，还气恼地说："净胡闹，小孩子怎么能拿刀呢！"

看到姥姥把刀拿走了，瑞瑞的脸上马上蒙上了一层阴霾。我连忙走过去对妈妈说："孩子要感受一下，就让他切一下吧，我扶着他，一定伤不到手的。"看我这样说，妈妈不情不愿地把刀交了出来，瑞瑞拿着刀，我扶着瑞瑞的手，给小朋友分蛋糕。吃蛋糕的时候，我听见一个小朋友悄悄和瑞瑞说："你妈妈真好。"

我听见了，连忙问："你妈妈不好吗？"

小家伙一吐舌头："我妈妈才不会像您一样，什么都让我做呢。我妈妈是这也不让做，那也不让做，说我不会做。她不让我做，我能会吗？”

是啊，别看孩子是在发牢骚，其实说得非常有道理，你不让孩子做，孩子怎么能会做？你不让孩子感受下成长，孩子怎么成长？

耳提面命没有用，放手让孩子自己去感知才有用。

善待孩子的小时候

“孩子现在小，什么都不懂，等长大再告诉他们吧！”“现在孩子小，你吼他骂他他还会和你好，也不会记仇，等大了再打就晚了！”这几句话，你们听着不陌生吧？相信走在育儿路上的爸爸妈妈都不止一次听过这样的话。这话说对了一半，就是孩子年纪小，但是后面全错了，孩子虽然小，却能感知谁对他好不好，也能知道对方说的话表示的是什么，孩子的审美是从小培养的，孩子和父母的亲密关系，以至于成年以后和周围人相处的模式，都是小时候自己的遭遇的翻版。孩子虽然小，但是他的童年很重要。

知乎网站上曾经有过一个这样的问答：你能记得几岁时父母对你说过的伤害你的话？很多人参与了问答，但是答案却非常惊人，大家回答的年龄都非常小，有的网友甚至能回忆起三岁的时候父母对他说过的“狠话”。他说，当时他因为太喜欢邻居小朋友的奥特曼玩具了，就偷偷地把玩具带回了家，爸爸妈妈知道了，不仅打了他，还把他带到广场的停车场，说不要他了，任他怎么哭喊，都锁死车门不让他上车。这当然是吓唬他，可是他说，因为父母的这句话，他和家人的关系一直不亲密，小小年纪就想离开家，远走高飞。看到这里，你还敢说孩子小，什么都不懂吗？

但是，我们身边却有很多人就在用这种方法教育孩子，他们还有一个惊人的理论：不要对孩子太好、太温柔，那样他以后不怕你、不好管，还会黏着你，对孩子就要疾言厉色。

朋友小夏就是这样。小夏有一个五岁的小女儿，粉嫩可爱，可是小夏好像一点儿都不“喜欢”这个女儿，走到哪里都不喜欢带她去，和孩子说话也是粗言粗语的，好像孩子破坏了她宁静的生活一样。有一次我到她们家去玩，她正在给女儿找衣服，找到后狠叨叨地把衣服塞给了女儿，让她自己穿；孩子要吃水果，她也让孩子自己去洗，更让人不能理解的是，孩子一到她身边去，她就很不耐烦地把孩子打发走。

当时我看不过去，提醒她对孩子温柔点，她就给我甩出了刚才的那个理论。还说：“你不知道，现在孩子这么小，才更应该这样管。不然她不怕你不说，还总黏着你。放心，孩子不会隔心的，你不相信，一会儿她还会跑过来找我的。”于是她朝女儿招了招手，厉声喊：“过来！”孩子看了她一眼，怯生生地走了过来。看见孩子过来了，她得意地冲我笑笑，仿佛证明自己说得有多正确。可是，我分明在孩子的眼睛里看到了胆怯和不情愿。她的逻辑真的有些可笑，孩子过来找你，就能表示孩子对刚才的事情没反应、没想法吗？

有一次她有事，把孩子交给我照看，我带着小女孩和我儿子做甜点、讲故事，小女孩笑眯眯地看着我说："阿姨，你真好。"

孩子小，也能知道好坏的，而且他们比我们想象的要敏感、脆弱。所以，我们才该对他们温柔，让他们感知温暖和友爱。一个从小感知不到爱的孩子，将来的人生是非常可怕的。一个记者提到他在少管所采访的往事，他说，他大约采访了二十几个孩子，几乎每一个被采访的少年都提到一件事情，小时候爸爸妈妈不爱他。一个少年说，他爸爸脾气不好，还喜欢喝酒，喝了酒就要发脾气，他和妈妈就成了发泄的对象，他经常被打得鼻青脸肿。打得他实在受不了了，12 岁那年从家里跑了出来，没有事情做，就开始偷东西。而另一位少年的讲述更是让人听得心酸，这个少年说，小时候爸爸妈妈对他相当严厉，也没有好脸色，让他感觉自己的存在都是错的，后来他就偷偷从家里跑了出来。再然后就交上了坏朋友，进了这里。他说，要是他们对我好一点儿，我也不会跑出来。

你对孩子的态度，决定着他对你、对人、对世界的态度。而且孩子的情感，就是从和你的相处模式中感知和培养的。儿子一岁多的时候，每天早上醒来，都要让我抱几分钟才穿衣服。

早晨是一天中最忙的时候，可是，他醒来的时候，我也宁愿浪费这几分钟的时间，用小毯子裹着他，把他放在我的怀里。两岁多的时候，我最愿意做的事情就是拉着他的小手在小区的路上散步。同样，我和他说话从来都是轻声软语的。有一次我蹲下来和他一起看草丛里的蚂蚱，被邻居看见了，笑我说都要把孩子当“王子”了。我真没有把儿子当王子养的想法，只不过是想让他有一个快乐和甜蜜的童年，以后回忆童年时光的时候，不是爸爸妈妈的责骂，不是这也不许那也不让，而是一段洒满了爱和温暖的时光。孩子的成长只有一次，童年更只有一次。心理学家说过，童年对一个人的影响极其深远，那些人格有障碍的人呢，或多或少都在童年时候被粗暴对待过。

我的同事曾经给我讲了一个有点伤感的故事。她丈夫因病去世了，她害怕孩子受委屈，一个人带着孩子生活。孩子小，每天都缠着她和自己玩，当时家里没有其他的玩具，孩子就每天磨着她和自己玩扑克。可是她都累了一天了，没有一点儿心情，所以一次次拒绝孩子的要求。后来孩子终于长大了，有一天她突然想起来孩子小时候想玩扑克的事，要和孩子玩扑克，可是孩子却摇着头说自己不想玩了。

她讲这个故事的时候，满脸的愧疚：“我只知道自己累，怎么就忘了孩子有一天会长大呢？”她说这话的时候让我想起了网络上流行的小女孩写给爸爸的一封信：爸爸，你再不回来陪我，我就要长大了。

是的，孩子会长大，小时候他迫切需要你的关爱，等到他长大了，习惯了独处，习惯了你的冷淡的时候，就不需要这份爱了。龙应台说过“孩子也是有有效期的”，善待孩子的小时候，好好爱孩子，好好对孩子，不要等到孩子不需要这份爱的时候再来爱。

第二章

比成绩重要的是成长

从短期看，孩子的成绩比成长重要，孩子成绩好，不仅让家长扬眉吐气，也预示着孩子未来可期。可是从长远的角度来说，孩子的成长要比成绩重要得多，成绩只是一时的荣光，成长却是一生的底气。

人品远比成绩重要

现在社会竞争日益激烈和残酷，很多家长把孩子的分数放在第一重要的位置上，认为只要孩子成绩好，就万事大吉。

同事欧姐就是这个样子。欧姐有一个儿子，从小到大，儿子的成绩就是欧姐的晴雨表。儿子成绩好，欧姐喜笑颜开，带儿子逛游乐场、吃大餐，不在话下。要是儿子成绩不好，欧姐可以数落孩子半个月，零花钱也克扣得只够买铅笔橡皮。然而她的孩子有些不争气，小学成绩还凑合，进入初中以来，学习成绩不升反降，一次比一次低。这使得欧姐的情绪一直提不起来，有一次竟然因为孩子期末成绩不好，在办公室发呆掉眼泪。

欧姐曾经对我们说过这样的话："儿子的成绩就是我的命，儿子成绩好，我吃嘛嘛香，儿子成绩不好，我死的心都有。"

的确，对于一个孩子来说，成绩很重要，但是，孩子的人生并不是只有学习这一件事情。在孩子成长的路途上，衡量一个孩子的标准，除了成绩，还应该有人品和修养，而且后者要比前者重要得多。

有一天我浏览网页的时候，看到一个让人有点心痛的新闻：一个家庭不富裕的小男孩，因为各科成绩比较优秀，嫌弃自己父母是卖菜的，说父母不配有他这样优秀的儿子。更让人不能理解的是，这个小男孩才 10 岁。10 岁的孩子就能说出这样“大逆不道”“白眼狼”的话，就是他日后上了清华，读了哈佛，又能怎么样呢？学识不等于人品，文凭也不等于人品。有多少人成绩优异，却猛踩道德底线，触犯法律？最直接的一个例子就是轰动全国的药家鑫事件。2010 年，西安音乐学院的大三学生药家鑫深夜驾车回家，把一个匆匆赶路的人撞倒，然后他发现受伤的人正在记车牌号码，就拿出刀捅了被撞倒的人十几刀，把对方杀死。成绩优异又怎样？没有好的品质，还是社会的一枚残渣。所以与其让孩子拼命学习，取得好成绩，不如教会孩子善良、仁慈、节俭，给孩子培养一个好品质。品质才是跟着孩子一生的财富。

孩子的成绩重要，但是人品要比成绩重要得多。我也曾亲眼见过一个成绩好，但是品质劣的孩子，他是我们楼下邻居家的孩子。这个孩子学习好，在我们小区是出了名的，据说他妈妈特意拿出一面墙来贴他得的奖状。可是，他的人品却不太好，经常欺负比他小的孩子。有一次上楼的时候，竟然把两个年龄小的孩子推出了电梯，自己一个人坐电梯上去了。而他推人的理由相当奇葩，说那两个孩子学习成绩不好，不配和他一起坐电梯。小小年纪就这样，真难想象他长大后会是什么样子。

三岁看大，七岁看老。小时候的样子，有时候就是成年后的样子，甚至是一辈子的样子。小时候就骄横跋扈，目中无人，长大后一定不会谦逊有礼、温润如玉。

在教养瑞瑞的时候我和瑞瑞爸就非常注意瑞瑞品质的培养，我们告诉他，无论什么时候，你都要善良，都要懂得从别人的角度考虑问题，要乐于帮助别人，遵守公共道德。

而这种教育，从很小的时候就开始了。瑞瑞才刚明白一些事，我们就告诉他到公众场所的时候，一定要把垃圾扔进垃圾箱里，坐公交车的时候要给年纪大的叔叔阿姨、爷爷奶奶让座。瑞瑞三岁的时候，我们带他到广州舅舅家去玩，第一次带他到大城市，我们害怕他因为兴奋忘了这些事，每天出门的时候，都会叮嘱他一下。有一次我们要去越秀公园玩，临出门，我问他，如果你手里的垃圾没有地方放怎么办？瑞瑞想都没想地告诉我："我就找垃圾箱。"

他是这样答的，也是这样做的。在我们玩的过程中，经常看到这样的场景，瑞瑞拿着饮料瓶或者食品袋四处寻找。有一次一个阿姨对他说："小朋友，瓶子都空了，你还拿着它做什么啊？"他脆生生地说："我要把它们扔在垃圾箱里，妈妈说，不能随便丢垃圾。"

随着瑞瑞年龄的增大，我们告诉他的行为规范也越来越多。他也都听从和照做。小学二年级的时候，瑞瑞被学校评为了行为习惯小标兵。

一个人的品质，当然不仅仅在遵守行为习惯和公众道德一个方面。瑞瑞年龄大一点儿的时候，我们告诉他，人要勤劳，要善良，还要能吃苦，不怕困难，这些更是宝贵的品质。为此，我们专门给他定了一个“规矩”，自己的事情自己做，对有需要的人，一定要伸手相帮。他也都依言照做。为此，还闹出一个小笑话。有一次，他一个人到我们家附近的小公园玩，天都快黑了，还没有回来。每次他都是玩一会儿就回来的，从没有这样长时间过，我们急急忙忙地去寻找，发现他正带着一个小朋友坐在亭子里。原来，他玩的时候发现这个小朋友一个人在哭，问了才知道他的妈妈不知道因为什么事先走了，把小朋友忘在了这里，小朋友找不到妈妈急哭了。他担心小朋友害怕，坐在这里陪小朋友等妈妈。

听了事情的原委，我急忙问他：“那你不害怕吗？”

他告诉我，他也有点害怕，可是自己要是走了，小朋友就更害怕了。所以，他即使很害怕，也要留在这里。听他这样一说，我就放下心来。一直以来，我就想把他培养成一个善良的孩子，今天一看，他已经拥有了善良的品质。

瑞瑞的成绩虽不是太好，但是他拥有良好的品质，我一样很欣慰。

孩子成长的路很长，孩子人生的路也很多。但是，拥有良好的品质，才会让孩子人生之路走得越来越顺畅。

给孩子一颗感恩的心

感恩是一种高贵的美德，只有拥有了一颗感恩的心，才能懂得生活中诸多的不容易，懂得付出和回报，也才能知道用宽容和友爱的心拥抱这个世界。所以在养育孩子这件事上，很多智慧的爸爸妈妈都想着先培养孩子拥有一颗感恩的心。

蒋洁就是这样。蒋洁有一对活泼可爱的女儿，可是她没把两个女儿捧在手心里，当成小公主，而是在孩子很小的时候，就把孩子的感恩教育排上了日程。那时候，她们家还住在尚未拆迁的平房里，冬天早上醒来，房间里有些凉，她和丈夫都要把女儿的衣裤放在暖气上面烘热才给她们穿。这个时候她就告诉女儿，爸爸妈妈是特意为她们烘的衣服，要她们亲自己一下表示感谢。两个女儿便一左一右给妈妈两个甜甜的吻，还会脆生生地说上一句“爸爸妈妈真好，谢谢爸爸妈妈”。

她非常欣赏韩国妈妈让孩子帮长辈盛饭，以感谢家长为孩子准备饭食的辛劳的教养方式，在两个女儿三四岁的时候，她就把盛饭的任务交给了两个人。每天汤菜端上餐桌，她都非常有仪式感地坐下来说："哎呀，爸爸妈妈做饭好辛苦啊，谁能帮我和爸爸盛一下饭呢？"两个女儿便小大人一样前前后后忙碌起来。

而她们家更有仪式感的一件事是，两个孩子的生日，要给她和丈夫送礼物。她说，真的不是为了通过这份礼物获得满足感和认同感，而是让孩子从小就知道，是爸爸妈妈把她们带到这个世界上来的，要感谢爸爸妈妈，更要感谢爸爸妈妈的辛苦付出，给她们创造了美好的生活。为了言传身教，同样，她和丈夫过生日的时候，两个人也为双方的父母准备礼物。两个孩子看在眼里，记在心上，自己的生日快到的时候，不是吵嚷着让爸爸妈妈买礼物，而是聚在一起商量给爸爸妈妈准备什么礼物。爷爷、奶奶、姥姥、姥爷的生日，两个小家伙更是费心费力，不仅早早地商量准备礼物，还把自己舍不得花的压岁钱拿出来，交给爸爸妈妈要"请"大家吃大餐。

蒋洁经常说起一件让她十分有成就感的事。两个孩子不知道从哪里听说，妈妈过生日的时候最好的礼物是康乃馨，有一年妈妈过生日的时候，偷偷跑到花店订了一束康乃馨，并且让店主帮忙写上：谢谢您，亲爱的妈妈，我们永远爱您。妈妈回来的时候，还故作神秘地让她闭眼睛，说要给她一个惊喜。她说，自己当时真的被惊喜到了。因为她从来没想过收到自己女儿送给自己的花，而且这样快。

我告诉她，从她对孩子实施感恩教育那天开始，就应该想到会有这一天的。因为在感恩氛围中成长的孩子，想让他不想着你都是一件不容易的事。

和蒋洁的孩子一样，我们家的孩子瑞瑞也是在感恩的氛围中长大的。还很小的时候，我们就告诉他要知道感恩。那时候他年龄小，听别的听不懂，我们就从最根本的教起，告诉他做什么事情、吃什么东西首先要想到长辈。所以他从来不吃独食，有好的东西总是拿出来大家分享，而且即使再好吃的东西，也要给我们留一些。最好玩的是他上小学一年级的时候，有一天他放学回家，神秘兮兮地告诉我："妈妈，我们学校旁边卖的麻圆可好吃了，明天我给你买一个尝尝。"第二天放学回来，他果然从书包里掏出一个被压得扁扁的麻圆。我问他，你把这个放在书包里，自己没想吃吗？他告诉我，也想过，可是一想到自己昨天都吃了，妈妈还没吃着呢，就不吃了。

他说这句话的时候，我真的很感动和欣慰，因为他当时还是一个六岁的小孩子。一个六岁的孩子，能忍住自己最想吃的食物不吃，留给妈妈，如果不是喜欢妈妈、爱妈妈，是做不到的。孩子有没有感恩的心，真不是年龄大小的事情，是心里有没有。

现实生活中有不少孩子就没有这份可贵的感恩的心。

相处多年的朋友雨涵给我讲了一件发生在她家孩子身上的

让她寒心的事。

她因为没有高学历，也没有城市户口，所以在这个城市只能在一家超市做保洁。

一天，她们超市要迎接上级部门检查，下班时间比平时晚了一个小时。她害怕儿子在家等着急了，下了班急急忙忙往家赶。可是刚走进家门，儿子小雨就怒气冲冲地冲她嚷："你怎么才回来呢？我一个人在家都待半天了！"她急忙挤出笑脸和儿子解释，今天超市有事，所以才回来晚了，并告诉儿子，自己今天累死了，问他能不能帮自己倒一杯水来。谁知道儿子看了她一眼说："你让我等这么半天，我才不给你倒呢！"说完转身进了自己的房间。

事情还没完，没几分钟儿子从房间里出来了，看见她还坐在沙发上，竟然大声地冲她嚷，怎么还不做饭，自己都要饿死了。还点菜似的说自己想吃猪肉酸菜饺子，让她赶紧给自己包。她和儿子商量包饺子比较费事，今天自己太累了，做些简单的饭菜，明天有时间再包。谁知道儿子不同意，并且威胁说，如果不做饺子的话，自己今天就不吃饭了。后来她实在没办法，只好到楼下的小超市买了一袋速冻水饺。

雨涵和我说："我辛辛苦苦养他这么大，让他帮我倒杯水都不行，还东挑西挑，怎么想都觉得寒心。"

是，这件事放在谁的身上都会觉得寒心的。可是我们有没有想过孩子这样是怎么造成的？

雨涵的儿子小雨是从手术台上抢救回来的，所以雨涵夫妻俩对儿子呵护备至，不仅要什么给什么无限满足，还有意无意地告诉孩子他只负责花钱长大就好了，什么都不用管。所以孩子虽然长得白白胖胖，健健康康，可是没有一点儿感恩的心。有一次，国外的姑姑探亲回来，带了一种好吃的饼干，妈妈吃了几块，他就大喊大叫让妈妈赔给自己。还有一次不知道什么原因，他突然想吃粽子，吵着让妈妈给买。当时不是吃粽子的季节，根本买不到，小雨大哭大闹了好一阵，还说妈妈是坏妈妈。

所以，小雨做出今天这样让人寒心的事，一点儿都不让人意外。

孩子不懂感恩，很多时候是父母没给孩子装上一颗感恩的心。感恩是一颗种子，种下去，才能开出花来。

教会孩子乐观，才有能力挡风雨

什么样的人能经受住挫折和失败呢？当然是乐观的人。乐观的人像是有先天自愈细胞，无论什么样的困难都击不倒他，什么难题都能解决，再困苦的窘境也能笑出来。所以相对的，乐观的人更能抵挡风雨。而乐观的精神不是与生俱来的，是靠后天引导的。在养育孩子的过程中，一定要注意培养孩子乐观向上的精神和品格。

我的朋友萱姿就非常注意孩子这方面的培养。萱姿有一个女儿芒芒，聪明可爱。萱姿知道，要想培养孩子乐观，首先就要让孩子感受到快乐，最能够让孩子感受到快乐的就是玩，所以只要有时间，她和先生就陪着女儿玩，在玩的过程中孩子体会到了开心和愉悦。当然他们玩的项目可不是当下流行的电子产品，而是到田野中去，到乡下去，到大自然中去，和孩子一起摘野花、放风筝、堆雪人，让孩子真正体会到发自内心的快乐。有了开朗快乐的性情基础，乐观品质才更容易培养。

除了让孩子随时体会到愉悦和快乐，她还注意培养孩子要坚强和勇敢。因为无论有多么乐观的想法，遇到事情就退缩，哭鼻子，也不能真正成长为一个乐观的孩子。所以让孩子坚强是她给女儿芒芒上的重要一课。而且，不同于一起玩耍时的亲切慈爱，上这节课的时候，还有一些“残忍”。

有一次我们两家带孩子去玩，两个孩子第一次出去玩，兴奋得不得了，一路上不停地跑跑跳跳，然而乐极生悲，一不小心两个人都摔倒了。两个孩子是搂在一起摔倒的，摔得不轻，还没爬起来就哼哼唧唧地哭上了。我和萱姿连忙跑过去扶他们，和我不同的是，萱姿揉着女儿磕得青紫的膝盖说：“这点儿小伤啊，没事，一会儿就好了！”说完还揉了揉女儿的小脸，告诉她：“笑一下，笑笑就不会那样疼了。”

事后我问她，是不是太残忍了些，孩子摔疼了，都不让孩子撒撒娇，哭一会儿。她说，这你就不懂了，让孩子哭一会儿没什么，可是她遇到一点儿事情就哭鼻子，将来又怎么能顶住生活的风雨呢？所以，每次孩子受伤的时候，我都鼓励她笑，不要放在心上。

虽然我还是认为她的说法有些残忍，但是看到她女儿的状态我就知道她是对的，一样的孩子，一样的出行，她女儿遇到事情的时候，更能往好处想，更能看得开。

我发现这一点，是当两个孩子玩转盘时，十元钱转十把，瑞瑞转了两把，什么礼物都没转到，就说什么也不转了。芒芒看见了跑过来开解："这一次转不到，可能下一次就转到了呢？而且我们是来玩的，就是玩嘛，转到转不到不都应该开心吗？"

听了她小大人一样的话，我开始对她和萱姿刮目相看了，原来让孩子笑着面对生活，真的能有意想不到的好处。羡慕得我急忙向萱姿拜师取经。看我急切的样子，萱姿说，想要培养孩子乐观，不是心急的事情，都是在日常小事中一点点引导的。她说，想让孩子拥有一颗乐观的心，一定要培养孩子直面挫折的勇气，说着她给我分享了一个她和女儿的小日常。

像所有小朋友一样，芒芒也争强好胜，赢了也会高兴，输了就会耍赖哭鼻子。萱姿注意到了这一点，有空闲就和丈夫一起陪着萱姿玩扑克、象棋等竞技类小游戏。玩之前就告诉芒芒，我们是在游戏，玩的就是其中的快乐，所以输了也不可以不高兴。开始的时候，芒芒还是受不了失败的打击，输了情绪很低落，可是随着玩的次数的增多，就不太当作一回事了，每次输了也开开心心的。因为心态好，所以才有小大人一样劝我儿子的一幕。

想想也是，想要培养孩子乐观，就要培养孩子的抗打击能力和平常心，如果孩子抗打击能力弱，经不起失败的话，是永远不会真正乐观起来的。

很多家长也知道乐观的性格对于孩子成长的重要性，只是在如何培养孩子乐观上不知道怎样引导和操作。

那么，要怎样做才能培养孩子乐观向上呢？

很大程度上，乐观是一种情绪，只有在积极乐观的氛围里，孩子才可能积极乐观起来。所以想要培养孩子积极乐观的性格，首先要给孩子一个温馨、宽松和温暖的成长氛围。有许多教育学家和心理学家，经过研究分析表明，家庭氛围温暖、浓厚，更容易养育出积极乐观的孩子。

设身处地想一下，就能想到这个说法多有道理，爸爸妈妈每天都仰着笑脸，每天都积极向上地生活，孩子又怎么能没有向上的生活激情呢？反过来，如果家长情绪不稳定，每天暴跳如雷，孩子天天心惊胆战，又怎么能乐观向上得起来？

除了营造良好的家庭氛围，多鼓励孩子也是让他乐观起来的一个有效途径。经常受到鼓励和赞许的孩子，骨子里会洋溢出一种自信，这种自信就是孩子乐观的种子，只有自信的孩子才有笑傲的豪情。

这一点萱姿也做得功力十足。在她的口里，很少听到批评叱责芒芒的声音，即使芒芒犯了错误，也都是平心静气地指出来。有一次芒芒因为好奇，把小姨新给她买的一块价值不菲的儿童手表拆了，她首先肯定了芒芒的探索精神，然后才告诉芒芒，喜欢钻研，拥有探索精神是好孩子，但是也要在不破坏有用的东西的前提下，而且最好是征得爸爸妈妈的同意。芒芒懂事地点点头，从此以后再也没私自拆过值钱的东西，却利用家里的废旧物品创造出了好几个小发明，在学校的发明大赛上，被评为发明小明星。

而最让人开心的就是洋溢在芒芒脸上的那种骄傲和自信，这份自信和从容就像一个小太阳，能把人心都照亮了。

写到这里，我总是想到很久以前看到的一本作家传记，这名作家在传记中写到，自己小时候有一阵子迷上了画画，每天没白没黑地画。那还是一个以分数论成败的时代，爸爸害怕他因为画画耽误了学业，不仅把他的画都扔进了火里，还打他一巴掌，警告他再也不可以画画。从此以后，他再也没有摸过画笔。比这更糟糕的是，从那之后他变得悲观和不自信，对什么都失去了兴趣，还没读完高中就怎么也读不下去了。

想让孩子拥有乐观的心，就不要在他的心灵上钉钉子。

让孩子明白爱，才能知道爱的珍贵

我们每一个家长都非常爱自己的孩子，同时，也非常希望我们的孩子明白爱，懂得爱，能像我们爱他们一样，敞开怀抱爱我们，爱所有的人。可是，现实情况往往事与愿违，我们心痛地看到，很多时候家长付出的爱被孩子当成了理所当然。

最近丈夫的单位同事吴姐和我分享了一件让他们夫妻俩气恼又挠头的事。有一天，吴姐的孩子过生日，两个人想带他出去玩一玩，庆祝一下，可是生日当天却发生了不愉快，孩子偏吵嚷着要买一部手机当生日礼物，而且指定要最新款。都说要毁了孩子就给他买一部手机，吴姐夫妻俩当然知道给孩子买手机意味着什么，马上表示不可以。谁知道孩子听完他们的话，情绪瞬间爆炸，不仅和他们大吵大嚷，还在川流不息的大街上撒腿狂奔，说连手机都不给买，根本不爱他。这些还不算，回家之后还闹了好一阵脾气，好像不给他买手机就成了父母最大的罪过，甚至有两天竟然扬言要离家出走，说爸爸妈妈不是自己的亲爸亲妈，要找自己的亲生父母去。

吴姐心痛地说：“哪有父母不爱自己孩子的？一不满足他提出的要求就是不爱他，就要离家出走，就要决裂，孩子怎么一点儿不懂爱、一点儿不懂事，不明白爸爸妈妈是为他好呢？”

是啊，不仅吴姐的孩子不知道，有很多孩子都不知道。他们不知道自己是被爸爸妈妈捧在手心里的宝，爸爸妈妈一路艰辛付出，努力拼搏，让他们过上好日子，有好生活，除了义务和责任，还因为爱，因为爱他们，心甘情愿做一切，付出一切。

有一天我去参加儿子的家长会，也听见一个家长吐槽，说自己的孩子一点儿都不懂得关心爱护人，一点儿都不懂得回报爱。事情的起因是这样的。她生病了，嗓子疼，想让儿子帮忙倒点水，儿子当时正在玩游戏，头也不抬地告诉她没有空，让她自己去倒。过了一会儿，儿子说饿了，她实在不想动，就拿了钱让儿子到下面的小餐馆订份外卖，谁知道儿子空手回来，告诉她外卖带回来太麻烦，自己在下面吃过了。

她生气地说：“你说说，他怎么就不知道给我带上来一份呢？我也没吃饭啊！”

看着她懊恼的样子，就知道事情发生的时候她有多么心痛，心心念念捧大的孩子，怎么就不知道爱一下妈妈呢？

出现这样情况的原因，一个是现在家庭条件优渥，物质条件好，孩子没吃过苦，不知道万物的珍贵；另一个是孩子心里不明白爱、不懂爱，认为父母付出的一切都是天经地义、理所当然的。

瑞瑞小的时候，最喜欢和我玩的游戏就是把他的小手放在我的大手里，让我牵着他在房间里走。他对这个的解释是，觉得妈妈的手好大，把他的小手包在里面了，暖乎乎的。那时候瑞瑞才三岁多，词汇量少，真的无法把自己心里的想法完全表达出来，但是我也从孩子的话里体会到了他没有说出的话：他的小手因为被大手包裹着，所以很暖，很舒服，很安心。

想让孩子明白爱，也应该像大手牵小手一样，先让孩子感受到爱。

在这一点上，我对瑞瑞最常用的方法就是陪伴。陪伴是最长情的告白，尤其是对小孩子来说，陪着他们是让他们感受爱最直接的方式。

陪伴的方式有很多种，一起收拾玩具，打扫房间，一起读书散步，做游戏。可以说在瑞瑞成长前几年的时光里，我们几乎是形影不离的整体，后来瑞瑞上了小学，我们黏在一起的时间才少了些。不过这时候，为了让瑞瑞知道我是爱他的，每天放学的时候，我都争取让瑞瑞第一眼就看见我，并且告诉他，妈妈有多想他。所以放学的时候，成了我们彼此间非常有仪式感的事情，我会张开手臂远远地迎他，他像一只小鸟一样，扑进我的怀里。我们在众多家长和孩子们羡慕的目光中相拥着离开。

除了陪伴，有仪式感地为他准备礼物，也是我们让他感受到爱的一种方式。瑞瑞的生日在12月份，每年的生日，我们除了例行出去玩儿与吃蛋糕之外，还会用心为他准备生日礼物。如果天公作美，有雪，我们还会带他堆一个大大的雪人，来庆祝他又长了一岁。而春节、圣诞节，礼物也是必不可少的。给孩子送礼物，主要是让孩子知道自己的重要，让他感受到浓浓的爱。比如听到他总是叨念着《南音》这本书，过生日的时候，这本书就会飘到他的书桌上，他羡慕同桌魔方玩得好，春节时候，一个三阶魔方也会送到他的手里。

有一次他说有一个同学漫画画得太好看了，他也想试试，我们就买了一套素描笔送他。我还记得那次他拿到笔的情景，他说："妈妈你太好了，你怎么就知道我想要这样一套笔呢！"

我告诉他，因为你是我的孩子，所以你想什么我都知道，这就叫牵挂和爱。

每次为他准备礼物，我们都是用心准备的，所以虽然用不了多少钱，但是孩子都很开心。就是因为这份开心，他才能真正感受到我们对他的爱。

你爱孩子，一定要让孩子感受到你的用心。

孩子年龄小，想要让孩子感受到爱，就要实实在在地做出来，让他觉察到。六岁以下年龄的孩子，那些大道理对他们都没有作用，他们只接受、也只相信自己看到的、感觉到的。

有一次放学的时候，我因为临时有事赶不过来，于是给老师打电话说晚一点儿过去接他。那时候他刚上一年级，我也有点担心他会哭鼻子，可是我到的时候，他却笑盈盈地玩得很开心。后来我逗他，问："看到别的小朋友都走了，担不担心妈妈不来啊？"他仰着小脑袋说："不担心啊，因为我知道妈妈是爱我的。"

他的回答让我很欣慰，我总想着用自己的方式让他感受到爱，结果得偿所愿。现在我和他的关系也很亲密，虽然他都上初三了，但是还和我有说不完的话题，住校回来，不是帮我做家务，就是对我嘘寒问暖。

佛家有一句禅语：一叶一菩提，一花一世界，爱出者爱返，福往者福来。只有孩子享受到了浓浓的爱，才能把爱反馈回来。

培养孩子勤劳，孩子才会勤快

自古以来，勤劳都是一种被世人传颂的美德，关于鼓励人们勤劳的名言谚语不计其数。所以在孩子成长这条路上，一定要培养孩子勤劳。

有一次我去参加一个家庭教育的讲座，回来总也忘不掉主讲老师说的一句话。她说:“你不教孩子勤快,什么也不让孩子做,等有一天你老了，想让他帮你煮碗粥，他都不会帮，因为他一是不会，二是懒得做。孩子这么多年都懒惯了！”老师说完这句话又说，“孩子不仅不会帮你做，还会觉得很委屈，因为这些年都是你帮他做，一下子让他帮你做，他会受不了，觉得凭什么要帮你做。”

想想真是这样。我有一个邻居就尝到了这样的恶果。她的孩子今年 28 岁了，在家啃老不说，什么事情也不帮着做。有一天她回老家去参加朋友儿子的婚礼，嘱咐孩子自己在家弄点吃的，回来的时候发现家里到处散落着快餐盒和垃圾袋，俨然变成了一个垃圾场。这样脏乱的场景，她的孩子居然躺在沙发上打游戏。看到她回来，也不问她累不累，就告诉她自己没吃饭呢，天天吃外卖吃腻了，让她帮自己做点饭。她气得指着孩子说："你一个女孩子怎么能懒成这样呢？"

是呀，只有她自己知道，她的女儿怎么能懒成这样。她年轻时因为疾病原因，很长时间没有孩子，天南地北地治疗很多年，才生下了这个宝贝女儿。从此两个人就把孩子当成掌上明珠，什么事情都不让孩子做。

她和丈夫告诉孩子，只要学习就好，其他的有他们。小孩子都爱玩爱闹爱模仿，有一次趁她不在家的时候，女孩学着她的样子，把家里的脏衣服都放进了洗衣机，还没等开始洗，她就回来了，不仅没骂孩子胡闹，还心疼地哭起来，说舍不得让孩子吃一点儿苦。还有一次，孩子吃完饭主动洗碗，也被她一把拉过去，告诉孩子有我在呢，等你长大嫁人后再自己洗。

他们把对孩子的希望都寄托在学习上，认为孩子只要学习好就行，可是孩子的成绩虽好，却没有一点儿耐心和耐性，吃不了一丁点儿的苦，大学毕业明明找到了个好工作，却因为嫌上班太累，不去了。然后就成了今天的样子，每天在家上网打游戏，等着她服侍。把孩子惯成了这个样子，现在再来抱怨，有什么用呢？自己种的恶果自己尝，现在她除了抱怨几句，其他的事情一件也做不了。后来她逢人就说，是自己把孩子惯坏了。

也语重心长地告诉我们这些有孩子的邻居，趁着孩子小，尽量让他做事，让他勤快点，不然长大以后，大人和孩子一样受苦。

她说得真有道理，孩子的一生是孩子的，我们不能庇护他一辈子，剩下的路还是要他自己走，如果因为我们的呵护备至、关爱有加，让他们什么都不想做，懒得做，那不是爱他们，是害他们。

想要培养孩子勤劳真要从小培养，因为孩子小时候模仿能力强，并且有爱玩的天性，对什么都好奇，他们做什么事情，都认为是在玩，这样的心态，让他们对做什么都不反感不说，还会做得越来越好，从而形成习惯。

瑞瑞小的时候，他爸爸常年在外工作，我一个人在家带孩子。带孩子不能不做事，我做什么瑞瑞就跟在我后面，为了避免他捣蛋，洗衣服的时候，我会给他准备一个小盆，让他洗自己的袜子和手帕，我擦地的时候，也给他准备一个小抹布，让他帮我擦我够不到的桌子底下，就是做饭的时候，我也给他准备一个盆子，让他帮着我洗菜。所以瑞瑞一直很勤快，现在他初三，学习任务重，住校，一周才回来一次，但是回来之后，不仅把自己带回来的衣服洗干净，还搜罗着我的衣服洗。学习累了，他还会到厨房里给我做饭。他说，劳逸结合，动动手做做家务，就是给大脑吸氧，做保健操。有时候我就想，他长大一定错不了，一个勤快，懂得照顾自己、关心家人的男孩子，无论从事什么工作，都会是一道暖光。

像我一样，同事小蕊也深深知道这一点，一直督促着孩子做事。女儿两三岁的时候，她就给女儿准备了一个小抹布，每天她打扫房间的时候，也让女儿拿着自己的小抹布帮忙。她说，也不希望她擦干净，就是让她养成一个习惯，要是长大了什么都不会做，什么都不愿意做，怎么能生活呢？她说，孩子累不坏，却能待坏、懒坏。

是啊，如果从小你不给他灌输这个理念，他永远不会知道这件事情需要自己来做，那么以后生活可想而知，以后的幸福又从何而来呢？十指不沾阳春水，听着诗意而美好。可是如果你让你的孩子，尤其是女孩子，十指不沾阳春水的话，那么首先就要为她物色一个王室婆家，不然，撑不起她的公主命。

小蕊就非常聪明地明白这一点，除了给女儿准备一个小抹布，让女儿模仿着做家务外，女儿四岁的时候，她还跟女儿定了一个“政策”，自己洗自己吃饭的餐具。她女儿当时个子很小，根本够不到水池，她就特意给孩子准备了一个小板凳，告诉孩子洗碗的时候可以踩在上面。而在孩子七八岁的时候，她就把整理床铺的任务交给了女儿，还特意从网上买个小收纳柜，嘱咐女儿收纳自己的物品。而且还把女儿培养成了自己得力的小助手，她洗衣服的时候，女儿帮忙；她买菜的时候，女儿帮忙算账；她做菜洗菜，忙不过来的时候，女儿是她得力的小助手，帮她打下手；家里来亲戚朋友的时候，女儿又摇身一变，变成了小主人，帮忙招待客人。

她做得最有成就感的一件事是，把家里采购的任务交给了女儿。她们家楼下有个小型超市，她把需要买的菜、物品的清单和足够的钱交给女儿，让女儿自己去买。有时候还让女儿自己决定买什么菜。这两件事都让女儿获得了极大的荣誉感和责任感，每次做的时候都热情满满。

当然，让孩子勤快，自己也不能懒惰。因为家长是孩子的一面镜子，当孩子看到只有自己在做事，大人却不做事的时候，心理会不平衡，即使做事也做得不情不愿，所以，每次让女儿做事情的时候，小蕊也总是在忙着。她告诉女儿，自己让女儿做这些事，不是故意让她劳动，而是让她帮妈妈，而且人生来有许多事情就是需要自己做的。所以，虽然她让女儿做那么多事情，女儿从没有抱怨过，有时候看她忙不过来，还善解人意地问她需不需要帮忙。

现在有许多家长教育孩子走进了一个很大的误区，想培养孩子勤劳，就自己不做事情，美其名曰“懒妈妈才能教出好孩子”，并且有很多人赞同这个理论。可是这样真的好吗？结果是未必。有一次看一篇育儿文章，是一位妈妈写的育儿笔记。妈妈说为了培养自己孩子勤劳的美德，自己做一个甩手掌柜，什么事情都不帮孩子做，让孩子自己处理。孩子变得很能干，让她很欣慰，可是有一次她听到孩子评价她时，就不那样淡定了。孩子说："我妈妈又懒又笨，什么都不会做。"她说，她想培养出一个勤劳的孩子，可是真不想在孩子心里成为一个坏妈妈呀。孩子对妈妈的印象，也会跟随孩子一辈子的，如果孩子总是这样看她，在做妈妈这件事上，她是不是也是失败的？

这篇文章引起了我极大的思考。我们家长不能作为孩子的反面例子，想要孩子成为一个勤快的孩子，你最好也做一个勤快的家长，身体力行，不然，你在孩子心目中的神圣地位，是会大打折扣的。

在孩子成长的这条路上，无论培养孩子什么习惯和品格，同他一起做，和他一起来都是最有效的途径。

善良是好品质，一定要让孩子拥有

对于一个人来说，有两样最宝贵的品质，它们是洋溢在脸上的自信，长在心底的善良。对于孩子也是一样，一个从小在心里种下善良种子的孩子，长大必然善良，而一个没有怜悯之心的孩子，在成为良善之人这条路上，会走得很辛苦。所以每一个孩子，都应该拥有善良的品格，每个家长，都要让孩子有一颗温柔善良的心。

萧玲带着五岁的儿子到游乐场玩。从游乐场出来的时候，一个衣衫褴褛的老人正在游乐场门口乞讨。萧玲的儿子先看见了，拉着萧玲的手就往相反的方向跑，还边跑边小声说："妈妈，他是骗人的，我们赶快走。"

听儿子这样一说，萧玲马上拉着孩子站住了。两人出门时，儿子看见老人就加快脚步拉着萧玲跑，萧玲以为孩子看见老人的装扮害怕，她也没多想，跟着孩子快走。谁知道孩子跑就是这个理由。小小年纪，他怎么会这么想呢？

想到这儿，萧玲蹲下来问儿子："宝贝，告诉妈妈你为什么这么说呢？”

“是姥姥说的，姥姥说，他们这些乞讨的人都是骗子，姥姥还告诉我，看到了一定要赶紧跑。”说完又对萧玲说：“我们快走吧，要不他一会儿就追上来了。”

“别胡说！”萧玲一下子拉住儿子，对他说，“你看天这么热，老爷爷又那么老，就算他是骗人的，那么他是不是很可怜呢？”

看儿子不说话，她又接着启发儿子：“你爷爷每天在家里做什么？这个老爷爷和你爷爷年纪一样大，在外面做这个是不是很辛苦？”

儿子懂事地点点头。看到儿子点头，她从包里拿出两元硬币对孩子说：“那我们是不是应该帮助一下老爷爷呢？”说着把钱放在了孩子的手里，孩子心领神会地折回去，把钱放在老人的铁盒里。

两个人离开的时候，儿子一直和萧玲说：“这个爷爷是很可怜，我看到他的手都裂口子了。”

每个父母都希望自己的孩子是善良的天使，但是这个天使真的是需要打造的。想打造一个善良的小天使，就要先培养孩子有一颗善良的心。

从商场回来之后，萧玲发现，自己儿子那颗善良的心还没有被激发出来。而照顾喂养小动物，是最能激发孩子善良之心的。所以在回来的路上，萧玲拐到了宠物市场，买了一只小狗。

儿子一下子就被可爱的小狗吸引住了，抱在怀里舍不得撒手。

萧玲见了马上说：“你这样喜欢这只小狗，爸爸妈妈上班忙，它就由你来照顾好吗？”

“好啊好啊！”儿子乐得拍起了小手。从此，他就担起了照顾小狗的任务，在萧玲的指导下帮小狗喂食、洗澡、清理。儿童教育学家就曾经说过，想要让孩子有爱心，就给他养一个宠物。自从家里养了小狗之后，儿子善良的一面马上显现了出来。每天照顾着小狗乐此不疲。一天，小狗不知道怎么了，吃得很少，躺在一边无精打采，儿子也跟着无精打采起来，一再提醒妈妈小狗可能病了，要赶紧带小狗看病去，直到第二天小狗又活蹦乱跳，他才恢复了孩子的活力。而随着和小狗情意的加深，儿子的心也变得越来越柔软。有一天，他和姥姥到农贸市场买笤帚，姥姥习惯讲价，和卖笤帚的老人讨价还价，他听见了，不仅阻止了姥姥，还对姥姥说：“你看，这样冷的天，老爷爷还在卖笤帚，我们不应该再少给他钱了。”说得姥姥非常不好意思。这还不算完，离开的时候，儿子非要把自己刚买的烤肠给老爷爷吃，说让他吃了御御寒。

每个孩子都可以成为天使，但是一定离不开教导的过程。而培养孩子善良，不是让他对落叶哀伤，对悲秋伤情，而是让他们心中充满爱，分享爱。

像培养孩子其他品格一样，培养孩子善良也要对孩子的善良行为做出积极的回应，不然，孩子可能就会收起善良的翅膀。

瑞瑞小时候，有一次放学回来兴奋地告诉我，中午吃饭的时候，他同桌的钱丢了，没办法吃午餐，他买午餐的时候给同桌买了一份。当时我正在赶一篇稿子，就对他说："妈妈知道了，快点休息一会儿，写作业去吧。"谁知道晚上吃饭的时候，他竟然哼哼唧唧地跟我发出了抗议："以后我再也不帮小朋友了！"

他的话让我大吃一惊，急忙问他为什么。他说今天给同桌买饭的事儿，老师都表扬了，我却一点儿反应都没有，觉得自己以后不需要再帮助别人了。

我一听意识到了事情的严重性，马上问他："你怎么能这样想呢？帮助同学是善良的好孩子，妈妈和老师不是经常告诉你要帮助有困难的人吗？"他依旧噘着嘴巴："可是，我帮助了别人，你不仅没表扬我，都没仔细听我说话，帮助人也太没劲了。"

虽然他说的是小孩子的泄愤话，但是也让我心头一震，孩子的年龄还很小，还处在做出什么都迫切希望得到回报和响应的年龄段，他们做出一件事情，尤其是一件好事情，迫切希望得到家长的赞扬和鼓励。可是我却忽略了这个问题，有些心不在焉，他小小的心灵当然会受到打击。孩子是需要鼓励的，鼓励才能让他们得到肯定，也让他们充满自豪感。

想到这里我连忙道歉："对不起宝贝，妈妈那天在忙，现在妈妈正式告诉你，你能那么做，妈妈为你感到骄傲，你是最善良的宝贝。"

听我这么一说，他的小脸才多云转晴。

儿童心理学上有一个说法，一定要对孩子做的事情有积极的回应，以肯定他们，给他们力量。孩子做的每一件看着不太起眼的善良的小事，在孩子心里都是一件大事，一定要对他们的这个行为给予表扬，他们才能把善良当作一件重要的事情，持续和持久地做下去。

在这一点上我特别佩服凡凡。有一次我们聊天的时候谈到孩子。她说你知道吗，我昨天奖励了儿子一套变形金刚，因为他昨天坐公交车的时候，主动让座位了。她的话让我们大吃一惊，在公交车上给老人让座，不是天经地义的事情吗？还至于这样大动干戈？谁知道她说，你们不知道，这孩子不知道怎么回事儿，坐公交车的时候，偏要一个人坐座位，怎么说都不听。这次上来了一个老奶奶，他主动站起来让老奶奶坐在他的位置上，这是我儿子善心的萌芽，我能不好好奖励和鼓励他吗？只有这样他才会知道要做一个善良的好孩子。

她的一番话，让我们没有办法再反驳。的确，对善良的行为进行鼓励和奖励，孩子会越来越善良，也会越来越喜欢做善事。勿以恶小而为之，勿以善小而不为。不要认为孩子做出的一个小举动，是不起眼的小事，它们都是在培养孩子善良这条路上的浪花，只有这样一件一件的小事串联起来，才可以汇聚成善的细流，让善良永驻孩子心间。

第三章 父母是孩子的最佳榜样

每一对父母都希望自己的儿女出类拔萃，为此不惜花费重金和心血，有时候却忘了一件事，孩子的成长是需要模板的。作为孩子的第一任老师和相处最久的亲人，家长的一言一行，都是孩子模仿的对象，好父母成就好孩子，平庸的父母，只能培育平庸的孩子。

什么样的父母，培养什么样的孩子

你想拥有一个怎样的孩子？如果我把这个问题抛出来的话，相信一定会收到一大串答案。而在这些答案里，一定少不了善良、大方、优秀、坚强、乐观这些优美的词汇。孩子是家长最伟大的事业，也是最重要的事业，每个家长都希望自己的孩子出类拔萃，可是，你有没有想过，怎样才能让孩子长成你期许的样子呢？

有这样一个故事。一个家长问一个教育专家，为什么自己的孩子不喜欢读书？她说，她知道读书对一个孩子成长的影响，孩子几岁大的时候，就给孩子买书，为了放更多的书，还专门打了一个超大的书柜。如今书柜里的书都塞得满满当当了，可是孩子却没有一点儿喜欢看书的意思，从来都不去主动拿那些书。她想请教老师一下，是不是自己哪里还做得不够好，让孩子对读书提不起一点儿兴趣。

老师沉吟了一下，反问她："那你喜欢看书吗？大部分的闲暇时间里，你都干什么呢？"

听到老师这样问，她不好意思地回答，自己平时不看书，闲暇时候除了追剧就是玩手机。

听到这个答案，老师的脸上一下子露出笑容，她说："你自己都不喜欢读书，怎么能要求孩子喜欢读书呢！"

是啊，你自己都不读书，没有读书的环境和气氛熏陶，只是给孩子买了很多书，就梦想着孩子能手不释卷，简直是天方夜谭。

同样的道理，你每天不思进取，就奢望孩子认真读书，积极上进，也是一个听起来很美妙的童话。

什么样的家长培养什么样的孩子。在这方面，央视著名主持人董卿说过一句非常经典的话：想要一个什么样的孩子，你就要先成为什么样的人。一个父母从来不摸书本的家庭，想要培养出一个喜欢读书、手不释卷的孩子，比买彩票中奖还难。

我认识一个孩子，和一般的孩子不一样的是，这个孩子做事非常拼。每天早晨老师都会听写英语单词，他要是有单词没写上来，就惩罚自己不下课，直到把那个单词记下来为止。老师布置的作业，无论多多，多难，时间多晚，都要全做会了才上床睡觉。后来听熟悉他们家里情况的人说，孩子的拼劲和他爸爸如出一辙。孩子是单亲家庭，爸爸是一个公司的老总。公司刚运营，事情很多，没日没夜忙还是有很多工作做不完，爸爸就带着孩子到单位加班，有时候赶不回去，两个人就睡在公司。

久而久之孩子就把爸爸的拼劲儿学来了。

家长是孩子的一面镜子，你给孩子呈现的是什么样子，孩子反照回来的就是什么样子。

有一个这样的公益广告，第一组镜头，一个爸爸带着孩子到餐厅用餐，正值用餐的高峰期，菜上来得有些慢，爸爸便不耐烦地一遍遍大喊“服务员”。儿子见了，也学着爸爸的样子，大声呼喊着服务员。

第二组镜头，依旧是这位爸爸带着孩子到餐厅用餐，这次爸爸没有像上一组镜头一样对着服务员大喊大叫，而是非常有礼貌地请服务员帮忙。儿子看见了，也一改上个镜头的没礼貌的样子，客气地请服务员帮忙，还有礼貌地致谢。

同样是这对父子，同样的场景，就是换了一种相处方式，儿子的表现却截然相反。这个广告是我们日常生活的真实写照，家长可能不知道，孩子一直在以我们为蓝本，在模仿着我们的一言一行，甚至一举一动。他们从我们的表现里，揣摩着与这个世界的相处方式。

网络上流行一句有些扎心，非常尖锐深刻的话：“每一个熊孩子背后都有一个熊家长。”与此相对应的是，每个优秀的孩子背后也站着一位优秀的家长。所以，想要培养出好孩子，就要先把自己修炼成一个好家长，你想把孩子培养成什么样子，你就要先成为那个样子的人。

好友多多就谨记这个格言，从当妈妈第一天起，就把“给孩子做一个好榜样”当成自己的责任。

多多的女儿甜甜上初中二年级的时候，不知道是课程加深了的缘故，还是班级换了老师的原因，甜甜的成绩下滑严重，更严重的是，甜甜好像对学习失去了兴趣，根本不用功读书。多多看在眼里，急在心上。初中是人一生中最重要的时期，如果就此厌学，那以后的艰辛可想而知。只是甜甜已经到了青春期，说教已经不起作用，相反还会引起甜甜的反感。多多虽然着急，但是也没一遍遍追在后面督促孩子，而是报考了心仪许久的心理咨询师，并且和甜甜签了一份君子协定，两个人一起努力，一年后自己把证书考下来，甜甜考上理想的高中。

多多虽然喜欢心理学，但是从来都没学过，一点儿基础都没有，学起来很吃力，不过她都咬牙坚持着，每天不管多晚，工作多累，一定要学一阵子再休息。甜甜在她的影响下，学习态度一天比一天端正，学习成绩也有了大幅度提高，中考的时候居然考上了重点高中。没有多多的榜样力量，这真是想都不敢想的事情。

家长永远是孩子最好的老师和直接的老师。所以，在培养孩子的时候，不要总想着怎样培养孩子，要想着自己是怎样的一个家长。龙生龙，凤生凤，优秀的家长，才可以培养出优秀的孩子来。

想给孩子一个湖，自己先是一片海

每一个父母都希望自己的孩子成为最优秀的那个。可是有没有想过，作为父母，你能够引导并给予孩子的又有多少呢，你又给了孩子一个怎样的榜样力量呢？

上个月，同事王姐向我讲了一件她和孩子相处的尴尬事。为了让孩子写得一手好字，孩子很小的时候就被送到了书法班。可是小孩子干什么都是没有长性的，这学期开学，孩子说什么都不想去学书法了。为了不让孩子半途而废，王姐使尽了浑身解数，甚至想到了哄小孩的方法：两个人进行写字比赛，如果孩子写的字超过妈妈就不去，如果没有超过的话，就去。可是，事情就出在这个写字比赛上，上学时王姐的字写得就不太漂亮，近几年来，又根本没怎么写字，字早已写得不成样子。可是孩子呢？虽然年纪小，写得不太好，但是也写了好几个学期，写得虽然稚嫩，但也有模有样了。两边一对比，结果马上就出来了。看着自己丑陋无比的字，她都有一种想找个地缝钻进去的冲动。

儿子还临时补刀，来了一句："原来妈妈的字这样丑啊。"儿子这一句话让她觉得特别失败，简直无地自容。

虽然她软硬兼施，加上爸爸的助威，孩子还是去了书法班。但是，孩子在家练习，她想过去指导一下，孩子总会说："好吧，妈妈，你的字还没有我写得好呢，你就别指导我了。"

她说，儿子这句话，让她觉得自己非常失败，总是强调让儿子好好写字，好好写字，自己的字却拿不出手，怎么都说不过去。

王姐这样的尴尬事，我也遇到过。那是瑞瑞五六岁的时候。为了锻炼他的语言能力，我们每天都会玩词语接龙的游戏。有一天我突发奇想，觉得瑞瑞都这样大了，应该增加一些难度，于是就告诉他，我们可以玩成语接龙的游戏，接不上来了就算输。瑞瑞的词汇量少，往往接个三五个就接不下去了，我们就只好从头开始。突然有一次，瑞瑞又接不下去了。我刚想说，我们再重新开始吧，谁知道瑞瑞歪着脑袋看了我一下，说："妈妈，这个词语我不会，你接一下吧，我们换着说。"我说："好啊，没问题。"谁知道我说得很痛快，答得却不顺利，左想右想想了半天，也没想出用这个字打头的成语来。瑞瑞不怀好意地笑着说："原来妈妈也不会呀！"那一刻，真像王姐说的一样，我想找一个地缝钻进去。

虽然有一句谚语叫"青出于蓝而胜于蓝"，孩子比自己厉害是好事，但是孩子年幼的时候，父母的学识和储备，还是要多一点儿。父母的高度决定孩子的未来，父母学识的高度，同样决定着孩子未来的深度。孩子年龄小，都是以父母为榜样的，如果他发现原来父母也不会的时候，那种榜样的力量就会削弱。

这不是危言耸听。我小的时候，非常喜欢读书，爸爸妈妈也非常支持我，给我买了很多书看。有一天我看书的时候，发现一个词，不知道什么意思，就拿着去问妈妈。妈妈告诉我，她也不知道。我心里就非常失落。因为一直以来，我都以为妈妈是无所不能的，她居然也有不知道的东西，并不是什么都知道啊。那以后我就不太喜欢问妈妈，因为我感觉问了，她也不会知道。

所以想让孩子信服你，让你说的话有分量、有力度，最好的办法是，你想让孩子成为湖，就要先把自己变成一片海，孩子有八斤，你一定要有十斤，这样孩子才能对你仰望，才能对你依恋，才能对你崇拜和信服。他才能知道，自己的爸爸妈妈是多么了不起的一个人，他也才能期望自己做一个比爸爸妈妈更了不起的人。

在孩子的成长时期，还是要做孩子的泰山。在所有的同事中，小娜就是这样。前几年有一阵子我突然发现一个奇怪的事情，小娜疯狂买绘本和童书，在单位里总能看见她拆这样的快递。现在妈妈买书，完全是给孩子看的，她则不然，那些书就放在她的包和抽屉里，只要有闲暇的时间，她就翻一下。有一次我实在纳闷，调侃她："现在工作压力这么大，你都用这种方式减压了吗？"

她听了哈哈大笑，说不是减压，是在帮孩子读书呢。原来，她的孩子已经五岁了，早已经到了该读书看绘本的年龄，可是这些书如果她没事先看过，拿过书就给孩子讲，总觉得生硬。而且现在她的孩子还处在想象力非常丰富的十万个为什么时期，脑子里不时会出现各种各样的小问题。为了解答这些问题的时候不至于尴尬，她要先把这些书看一遍，同时帮助孩子进行筛选。

当时听她这样说，我就不由得为她竖起了大拇指，心想她好用心。几乎所有的妈妈都知道孩子阅读的重要性，但真的很少有妈妈像她这样用心，先把书都读一遍的。

这两天，我又看见她的抽屉里和包包里放了唐诗宋词等经典名著，就猜到，她又为了孩子把自己变成"海"了。她的孩子已经上了小学，老师建议多读经典名著。还和孩子小时候一样，她把这些书网购回来，先于孩子阅读。这次阅读不是为了给孩子讲，而是和孩子一起探讨。她说，现在孩子到了能思考的年龄，很多书的内容她都不知道，在和他探讨的时候，接不上话会很尴尬，所以要先给自己充一下电。

我见过她的儿子，一个高高帅帅的大男孩。去年，这个大男孩代表我们地区参加中小学生辩论大赛，并获得了金奖。在颁奖典礼上，他说最需要感谢的人是妈妈，最喜欢和妈妈探讨问题，觉得妈妈好有深度，每次都能得到不一样的启发。在他心里，妈妈就像大海一样浩瀚、广博。

生活中我遇到很多爸爸妈妈，总是在抱怨自己的孩子不优秀，没有达到自己的期许。可是你有没有想过？在孩子生命的初期，你是不是一片海，吸引着孩子向更高、更深、更渊博的知识殿堂靠近？

孩子是父母小一号的复印件

在没有孩子的时候，我不太认同孩子是父母的复印件这一说法。因为虽然孩子是父母带到这个世界上来的，但是成长中有诸多因素，有很多不确定性，怎么可以把孩子成长的不如意安在父母头上呢？

可是随着我有了孩子，接触到了更多的孩子，我发现这个说法是有据可依的，而且是相当正确的。

瑞瑞五岁多的时候，有一次，家里的水果吃完了，我带着瑞瑞到超市去买水果。因为连日来身体不好，我已经两个月没带瑞瑞出门了，所以一路上瑞瑞很兴奋，又是跑又是跳。到了超市，他更是按捺不住自己的好吃本性，挑选了很多食品。兜兜转转，我们就绕到了葡萄干和大枣的摊位。我身体虚弱，医生曾经建议我多吃些益气补血的干果。于是我决定一样买一些。摊位里的果品颗粒饱满，看起来都很不错，但是不知道吃在嘴里面怎么样，据说现在有些商家以次充好，于是我悄悄捏了一颗大枣放在嘴里，打算尝一下味道。可是还没等我开始吃，就看见瑞瑞也伸着小手鬼鬼祟祟地从摊位上拿起了一颗大枣。

“瑞瑞你干什么呢？”我小声拦住了他。瑞瑞看了看我，做出了一个噤声的动作，最后示意我蹲下来，小声说：“你别说得那样大声，我尝尝这个大枣好不好吃。”说着又伸出小手，哆哆嗦嗦从摊位上摸下来一个。

我一下子惊呆了，呵斥他：“你这是在干什么？你这是在偷，知道吗？”可是说完这句话，我的脸一下子就红了。说孩子拿了一个大枣叫偷，那我刚才也拿了一个，是不是也是偷呢？而且，要是刚才我没拿大枣，瑞瑞又怎么能想到偷着拿大枣吃呢？想到这里，我惊出一身冷汗，胡乱装了一些枣，带瑞瑞离开了超市。

这件事情让我明白，不管你愿不愿意，暗示没暗示，孩子都在模仿你。

第二件让我印象深刻的事，发生在瑞瑞六岁的时候。我平时喜欢看书，所以带孩子出去玩的时候，去得最多的地方就是书店和图书馆。而且每次去都不会空手而归，我挑选的图书和瑞瑞挑选的绘本满满的一大摞。买书、看书、逛书店是我们俩最大的乐趣。闲暇时候，我们做得最多的事情，也是捧着一本书读，他给我讲，我给他讲，享受着亲子阅读带来的温馨和甜蜜。

那一年，瑞瑞的姑姑在另一个城市里安了家，假期我带着瑞瑞去她家小住。小姑问瑞瑞想到什么地方去玩，她带我们出去玩。这个城市的海洋馆和游乐场都很出名，我以为瑞瑞会说去那里。谁知道瑞瑞歪着小脑瓜想想说：“我想去书店，你带我去书店吧，图书馆也行。”逗得小姑一家哈哈大笑。

我们临走前一天，小姑家来了很多亲友送我们。其中有一个比瑞瑞略小一点儿的小男孩。这个小孩子不像瑞瑞一样文静、腼腆。他活泼好动，没有一刻是安静的。大家为了好好说一会儿话，让瑞瑞带着他去玩。瑞瑞带着孩子去了我们睡的客房，好长时间都没有出来。大家非常好奇，安安静静在一个地方玩很久，这在那个孩子身上可是从来没有过的事情。于是大家悄悄地扒着门缝往里看，想看两个孩子玩什么呢，只见两人面前摆满了瑞瑞的故事书，而瑞瑞正搂着小朋友讲故事呢！更为奇妙的是，瑞瑞给小朋友讲故事的动作和表情，简直和我给他讲故事时如出一辙。

看着这个情景我不由得笑了，看来孩子真是父母的复印件，他们无时无刻不在重复着父母。

记得一位教育专家说过，孩子都是好孩子，是我们做家长的把他们影响坏了。真是这样，我们抱怨孩子懒，抱怨孩子爱贪小便宜，抱怨孩子喜欢拿别人的小东西，可是有时候我们呈现出的样子就是懒，爱抱怨，爱贪图小便宜。

小时候我们班里有一个孩子，他的爸爸是街上出了名的小偷，周围邻里几乎都被他偷遍了。大家都对他敬而远之。虽然他不可能当着孩子的面偷东西，也不会炫耀，但是这个孩子和他爸爸一个样，喜欢小偷小摸。在我们班，要是谁有好看的铅笔、漂亮的本子，甚至零花钱、零食找不到了，都能在他的书包里和口袋里找到蛛丝马迹。有好几次他盯上了同学们带的零食，趁同学课间或上体育课都在外面玩的时候，钻进教室偷吃。

当时我们老师说了一句有些让人难以接受的话："你这样，长大是不是想跟你爸爸一个样啊？"谁知道老师说的话竟然一语成谶，没上完小学他就辍学了。辍学后没有事情做，他每天在街上闲逛，没多久就和街上的坏人混到了一起，在火车站、汽车站、商场等人流多的场所偷窃。

父母是孩子的老师，孩子从生下来那一刻开始，真的都是在跟父母或者长辈学习，小的时候学行为习惯、学谈吐，长大了学为人处世。可以说，孩子的一些行为习惯就是在模仿大人。他们不仅仅是父母，甚至是生活在一起的长辈的复印件。

刚结婚的时候，我们和瑞瑞的爷爷住在一起。爷爷是一个将近 60 岁的老人，干了一辈子活儿，腰疼，走路的时候喜欢背着手。瑞瑞一岁多学走路的时候，走路的姿势和爷爷一模一样，也是背着小手。而瑞瑞爷爷的脾气不好，遇到事情的时候总像火烧了眉毛一样暴跳咆哮。瑞瑞爸爸也一样，遇到事情的时候从来不会心平气和地思考问题、想办法。而瑞瑞在情急的时候，表现得和他爸爸爷爷一模一样。一次瑞瑞一个人打游戏，那个关卡很难，瑞瑞怎么打也打不过去了，竟然气愤地狂摔鼠标。

后来，为了避免瑞瑞把两个人身上的坏脾气都学来，我果断地搬了出来，也和瑞瑞爸约法三章，不可以当着瑞瑞的面发脾气。

孩子复印的过程是很奇妙的，不经意间就会复印过去。一个网友分享了她同学的故事，她同学总是喜欢评价班里的同学和老师，并且评价都是负面的。比如那个男生脸小，还留长头发，一点儿都不懂得审美；老师走路的样子真难看……有一天同学的妈妈来到宿舍，对同学根本都不熟悉，就指手画脚说这个女生的衣服不好看，那个女生的眉毛需要修。她才知道同学那个爱八卦和指手画脚的毛病都是妈妈样子的翻版。

在《自卑和超越》一书中，心理学家提到了一个惊人的论断，孩子的一切行为习惯在六岁已经就已经有了雏形。也就是说，孩子在看起来什么都不懂的年纪，已经开始模仿父母的样子了。所以现在经常听到一句对原生家庭的批判：我们怎么逃，也逃不出原生家庭的影子，我们尽管“讨厌”家长，长大了也会成为和他一样的人，真实的原因就在这里。

父母是孩子的原件，孩子是父母的复印件，这句话绝对不是危言耸听。孩子在成长中出现的所有问题，都是父母的问题，都可以在父母的身上找到问题的根源。所以当孩子出现问题的时候，我们需要做的不是苛责，而是回头看看是不是自己给了孩子错误的信息和指引。同时，我们应该及时修复自己这个“原件”，给孩子真正的积极的引领。

孩子学的都是你的缺点

亲戚小聚，从小关系就亲密的姨家表姐向我疯狂抱怨和吐槽，他们家的孩子放学了一定要打一会儿游戏再写作业，怎么劝也不听。她和老公打也打了，骂也骂了，甚至承诺要是先写作业就给他买最想要的玩具也不行，孩子要是不玩一会儿游戏，写的作业也是潦草应付，错误百出。她问我有没有什么好的办法。

我没有直接回答她，而是反问了一句："那你们两个人下班回家都干什么呢？"我这样问是有根据的，孩子的样子和行为习惯往往都是模仿大人，如果大人回家之后选择的方式是休闲娱乐，那么想让孩子放下书包就写作业也绝对是不可能的事情。她们家的孩子放学会这样执拗于游戏，多半是和家长回家之后的状态有关。

果然不出我所料，我刚一问完，表姐就疯狂接口："还能干什么？上了一天班，又赶了一阵路，回到家里觉得身子散架了一样，所以每次我都是躺在沙发上休息一下再做饭。"

“可是，你仅仅是休息一下吗？”我试探性地又追问了一句，“不玩手机？”

谁知我刚问完，表姐露出一个很奇怪的表情：“当然玩了，现在哪有休息的时候不玩手机的人啊？”

是的，她说得没错，现在大多数人的休闲方式都是捧着手机。可是，你下了班坐在沙发上玩手机，让孩子拿出书本写作业，你想过孩子的感受吗？

对于孩子来说，手机和游戏就是让他们垂涎欲滴的大蛋糕，有着不可抵挡的诱惑力。而且孩子上了一天课，身体上和精神上也是有些疲倦的，看到你坐在那里玩手机，理所当然地也想休息一下，并且理所当然地认为回家就应该先休息放松一下，所以玩一会儿游戏、看一阵电视、找点东西吃是再正常不过的事情了。

不是孩子错了，是你回家后的状态和方式错了。

听了我的分析，表姐惊讶地张大了嘴巴。不过她也有些委屈：我就是下班后空闲时间喜欢玩玩手机这一个缺点，其余的都不错，比如做事情认真、上进、性格好、吃苦耐劳。都说家长的行为习惯影响孩子，为什么我身上这样多的优点他没有学去，偏偏把缺点学去了呢？

是的，不仅表姐一个人发出这样的诘问，逛育儿论坛和网站，经常看到家长吐槽，自己身上有很多好的品质，可是孩子好像一样也没有继承，相反把自己的坏习惯、坏毛病继承得青出于蓝。比如自己就有一点儿懒，不太爱运动，想让孩子出去运动也是一件辛苦的工作，得千求万请；比如自己周末的时候喜欢睡一下早觉，孩子周末能睡上一个上午；比如自己做事情有些丢三落四，孩子也丢三落四，像把心丢了一样……

我的邻居张婆就因为这一点疯狂地吐槽过。张婆的老公为人勤快，吃苦耐劳，就是脾气有点急，好生气，有时候不知道什么原因就生起气来，让人捉摸不透，她跟她老公在一起生活，生了不少闲气。都说江山易改，禀性难移，她唯一的希望就是自己的儿子长大后，学丈夫身上的优点，别学缺点。可是儿子长大了，爸爸身上吃苦耐劳的优点没有学会，倒是性格学得“惟妙惟肖”，没有一点儿涵养和气度，遇到一点儿小事就生气，生气了就摔东西。因为这个坏样子，早已经到了谈女朋友的年龄了，还是孤家寡人一个。

为什么孩子都喜欢“继承”家长的缺点呢？其实这个答案非常简单：一个人在什么环境中容易肆无忌惮地把自己所有的缺点都展示出来呢？在家里。自古以来，家就被称为宁静的港湾，停靠的驿站。家是自己的“地盘”，所以不用顾忌太多，也不用掩饰，把自己的任何状态都呈现出来，根本不用顾忌自己的形象。在外面这些坏的习惯和习性多少都要加以克制，但是在家里，就可以肆无忌惮地呈现出来了。那么，家长所呈现出来的样子，刚好被孩子看见。孩子是无时无刻不模仿家长的，当然会把这个状态全盘吸纳过来。

不是孩子不知道学习你身上的优点，是你仅给孩子展示了自己的缺点。一般人的优点都是在什么时候呈现的呢？在工作上、在公众场合、在家之外需要顾忌形象的地方。而这些地方，你不一定都带着孩子，孩子并没有见识过你的优点。他见到的只是你回到家里坐在沙发上玩手机，见识到的就是你上了一天班，回到家里因为妻子没做好饭，饭菜不合口味，对她大吵大叫，发脾气，见到的是你把东西随手就放，见到的是你的喋喋不休。那么，你还能奢望孩子成长成什么样子呢？孩子的成长都是需要样板的，你给孩子提供了这样满是缺点的样板，还能奢望孩子去其糟粕，取其精华？孩子的年龄还小，没有那样强的甄别能力，等他长大了，有这样的甄别能力的时候，这些习惯和缺点已经进入到他们的骨髓里面了，相对来说，就已经有些晚了。

所以想要孩子不把你的缺点学去，回到家里面，就要给孩子展示一个正面的形象。比如和颜悦色地和家人分享，对家人态度谦和，有积极向上的生活和学习习惯，健康的消遣方式，不指责不抱怨，好好对待家中的每一个人。那样，孩子呈现出来的将是另一种样子。

这一点上，我非常欣赏日本。据说日本某些有孩子的家庭，爸爸下班后回到家里，不是躺在沙发上看电视、玩手机，而是钻进书房里读书或者工作，用行动告诉孩子要认真、勤勉地工作。而有女儿的家庭呢，晚餐后，妈妈会带着孩子去洗手间洗马桶。在世界上，日本男人工作踏实、认真是出了名的，日本女人的勤劳坚韧也是天下闻名的，这些都是他们父母的功劳。

而我的好友久久在这一点上做得也特别好。久久是一个全职妈妈，白天孩子上学的时候，自己一个人在家做做家务，看看电视打发时光。《三生三世十里桃花》热映那一阵子，她曾傲娇地炫耀自己一天追了 20 集。可就是这样一个轻松惬意的家庭主妇，在孩子放学后展现出来的就是完全不同的样子。她孩子 3 点 40 分放学，听到孩子上楼的脚步声，不论看的电视剧多精彩，她都会果断地关上电视，进厨房忙碌。她说，我要给孩子展示的是，家不是一个什么都不需要做，只是休闲的地方，家也需要工作，也需要付出，也需要经营。所以她们家的孩子放学回家之后的第一件事，从来都是写作业，写好作业还会帮她做些力所能及的事情。

家是驿站，但不是什么都不需要做的逍遥岛。家长是孩子的第一任老师，想让孩子长成什么样子，一定要为孩子呈现出一个什么样子的模板。即使在家里，也要把自己的缺点掩藏起来，展示出积极向上的一面。

别让你的情绪，成为孩子的晴雨表

星期一早上送孩子上学，走在路上的时候，碰到了楼下的小女孩瑶瑶和瑶瑶妈妈。只不过和往日不一样的是，瑶瑶的脸上正挂着眼泪，使得原本可爱的小姑娘看起来可怜巴巴的。

瑶瑶是一个非常开朗活泼的小姑娘，平时可很少这样梨花带雨。我忍不住走上前去问她："咦，怎么哭了呢？谁惹我们家小可爱了？"看见我问她，小女孩稀里哗啦诉说着自己的委屈："我早上弄打了一只碗，妈妈就骂我！"

我连忙把目光对准了瑶瑶妈妈，对她说："孩子打一只碗就打一只碗呗，你怎么还把孩子骂哭了？"

谁知道我话刚一说完，瑶瑶妈妈就向我大吐苦水："你不知道，早上本来时间就紧，她倒好，磨磨蹭蹭不肯吃饭，不吃就不吃吧，还把碗弄打了，你说我能不生气吗？"看到瑶瑶妈妈义愤填膺的样子，我想事情一定怪瑶瑶了。早上的时间对于一个需要上班的妈妈来说，要多紧张有多紧张，用一刻值千金来形容也不为过。这样紧张的时间，瑶瑶不仅不好好吃早餐，还把碗打碎了，要是我也会生气的。我忙弯下身子安慰瑶瑶，今天是她做得不对，妈妈很赶时间，要考虑妈妈的感受。谁知我话刚一说完，瑶瑶却“炸了”，大声说：“才不是那样一回事呢！妈妈今天早上和爸爸生气了，才过来骂我的！”瑶瑶说着的时候，我发现瑶瑶妈妈的脸红了。看见这样的情形，我就知道瑶瑶没有说谎，是瑶瑶妈妈生气，把怒火转到了瑶瑶身上，可能她骂了孩子，孩子一紧张，碗才掉到地上的。

她们的事马上让我想起了不久前在书里看到的一个故事，一个爸爸因为心情不好责骂妻子，妻子又把怒气转移到孩子身上，责骂孩子，孩子没有责骂的人，只好默默地流眼泪。谁的脾气都需要有一个发泄的窗口，只是，大人把孩子作为发泄的窗口，孩子呢？他们又到哪里去发泄呢？

可是现实中有多少人是在拿孩子“出气”呢？

我的同事王苗苗就是一个喜欢拿孩子“出气”的人。王苗苗有一个不太好的习惯——喝酒。还有一个更不太好的习惯——一喝酒就喝多。而她一喝多了，儿子旺旺就成了她撒气的对象，有一次因为旺旺吃饭的时候把筷子掉到了地上，她不仅打了旺旺好几个耳光，还把旺旺赶到了外面。旺旺的身上，也经常是青一块紫一块的伤。这些伤当然都是王苗苗打的。因为王苗苗这样“凶残”地打孩子，旺旺非常怕她，吃饭的时候看到她要喝酒，总是远远地躲到一边去。有一次吃晚饭的时候，他看见妈妈又拿起了酒杯，吓得跑到了马路上，很晚才回家。

王苗苗这样打孩子，你一定以为她不爱孩子吧？那可是大错特错了，她不喝酒的时候，爱孩子也算爱到了骨头里。无论多贵的小吃、多贵的水果，只要旺旺想吃，马上给他买回来。平时也总是把旺旺搂在怀里亲了又亲，抱了又抱，慈爱得不得了。如果她喝酒的时候不那样“恐怖”，那也算是一个好妈妈了。可是，酒就像会施魔法一样，一次次把她变成魔鬼。

旺旺曾经说过一句所有妈妈听了都难过的话。他说，我最害怕妈妈发火。因为这个害怕，妈妈成了他的晴雨表，妈妈高兴，他就喜笑颜开，妈妈不高兴，他就心惊胆战，不仅和妈妈的关系不亲近，和谁的关系也不亲近。老师说，他就像外星来的一只小白鼠，胆战心惊地对着这个世界。这就是被家长情绪左右的孩子的通病，他们极度缺乏安全感。心理学家曾经说过，对于一个成长中的孩子来说，一个情绪不稳定的家长，比一个脾气暴躁的家长要来得可怕。孩子不知道你什么时候高兴，什么时候烦恼，更不知道你什么时候能对他笑，什么时候对他暴躁，就像漂泊在大海中的小船，心无定数。

可是，现实生活中，有多少家长的情绪是孩子的晴雨表呢？

有很多。我身边就有很多这样的例子。而我虽然一直奉行温暖教养、温柔教养，但是，心情不好的时候，也会控制不住地对孩子发脾气。我业余时间兼职写文案。有一天我连夜写的创意案被公司打了回来，我心情非常沮丧，坐在沙发上难过。孩子放学回来了，一进门就告诉我他饿了，想要吃东西，并且问我为什么还不做饭。我一听火气马上就上来了，劈头盖脸地把他骂了一顿。见我骂他，他也不吵着饿了，灰溜溜地进了自己的房间。不过他走了，我马上就后悔了，孩子上了一天的学，回来说饿了也是再正常不过的事，我可以让他自己找点东西吃，或者让他等一会儿，真的没有必要骂他。而且以前也出现过这样的情况，他放学回来一进门就喊饿，我也一直没有骂过他。这次要不是我正在伤心难过，或许也不会骂他的。想到这，我突然有点愧疚起来，马上起身做饭。

不过我想开了，情绪也好转了，孩子却不然，吃饭的时候坐得离我远远的，也不像每天那样说个没完，吃了半碗饭就离开了餐桌。更糟糕的是，接下来的几天里，孩子总是一副郁郁寡欢的表情，倒是有一点，回来不再和我撒娇说话，悄悄进自己的房间，安静了不少。可是有孩子的家，太安静总让人觉得怪怪的，我们平时关系很好，从来也没“冷战”过这样长的时间，何况他现在是青春期，如果因为这个向我关上心门，那么可真是得不偿失。于是有一天，我忍不住问他：“怎么什么都不和妈妈说话了，还在生妈妈的气啊？”

听见我问，他愣了一下，告诉我自己根本就没和我生气，就是不知道我什么时候心情好，什么时候心情不好，怕惹我不开心。

听了他的话，我心里的愧疚感越来越严重了，都说世界上最让人难过的事，就是让别人看你脸色。孔子说："色难。"放在大人身上是这样，放在孩子身上也是这样，大人不喜欢看脸色，孩子也同样不喜欢看脸色。而且孩子年龄小，比大人更加敏感和脆弱，经常对孩子发脾气，尤其是乱发脾气，孩子会越来越敏感、脆弱。那些性格偏颇、奇怪、不快乐的孩子背后，往往都有一个阴晴不定、不懂得控制脾气的家长。

孩子是宝贝，不是出气筒，绝不要让你的情绪成为孩子情绪的晴雨表。

敢于承认错误的父母，才是好父母

世上没有完美的人,也没有不犯错误的人,每个人都会犯错,每个人都有做错事情的时候，作为父母也不例外。而敢于承认错误的父母，对于孩子来说，不仅仅是榜样的力量，更是一种幸运。

在所有我交往的好友中，青青就是这样一个敢于承认错误的家长。一天，我闲着无事，和她一起接她学钢琴的女儿。不过她记错了时间，到达老师家的时候，早已过了下课的时间，学琴的孩子大多被家长接走了，只剩下青青的女儿一个人。青青没有像其他家长一样直接带着孩子离开，而是轻轻对女儿说："宝贝，对不起，妈妈记错了时间，出来晚了，明天妈妈一定早点过来。"

这当然不是她唯一一次因为自己的失误向女儿道歉。青青女儿的班主任经常把缴费信息发在班级的微信群里面。有一次，不知道怎么回事，老师通知交 360 元学费，青青看成了 260 元，只给女儿带了260元。当青青知道因为自己看错了通知内容，女儿带错了学费，放学回来，马上向女儿道歉，并告诉女儿自己下次一定认真点儿，决不再看错了。

像这样的事情还有很多。关于为什么要向女儿道歉，青青的解释是，无论是成人还是孩子，是自己的过错就主动承认，并主动承担责任，孩子面对过错的时候，才能主动承认。

想想她说得真是有道理。我们经常教育孩子要勇于承认错误,承担责任,可是,如果我们自己犯了错误的时候,都推三阻四,不能主动承认的话，又怎么引导孩子呢？而且当我们说出这样的话的时候，又会不会被信服呢？更糟糕的是，孩子做了错事会不会也像我们一样，拼命掩饰，甚至会用说谎等办法来逃避应该承担的责任呢？

家长是孩子的引路人，你有主动承认错误的勇气，孩子做错了事情才能主动去承认。而和主动承认错误息息相关的是责任感。心理学家研究表明，能主动承认错误的人，他的责任感要远远高于其他人，同时也更有直面生活的压力和勇气。

不过在现实生活中，像青青一样的家长太少了，更多的家长即使知道自己做错了，也不会主动承认自己错了，更不会低下头来向孩子道歉。而我，有一段时间就不幸地在此列。

那次，我帮着瑞瑞整理书桌，发现他桌子上散放了很多细小的零件和玩具。虽然知道他喜欢摆弄这些小东西，但是考虑到他是一个小孩子，这些零件也都是旧物品上拆下来的，也不会多有用，就一股脑儿地收到了垃圾桶里。没想到瑞瑞放学的时候，第一件事就是找他的这些零件。原来他们学校举行科技制作大赛，这些在我看来没用的零部件，都是他们小组成员搜集来的，因为他是组长，不仅放在他这里保管，还要由他制作成最后的成品。可是我把它们扔掉了，他没有办法制作了。看到他痛哭流涕的样子，我也非常难受，主要是因为我的过失让他们的心血白费了，但是那句“都是妈妈不好”怎么也没有说出口，相反变成一句：“是我扔了又怎么样？你们是学生，主要精力应该放在学习上，不能都用在别处。”

结果可想而知，向来和我关系亲密的儿子和我冷战了好几天。

事后我也非常后悔，可是我真的没有青青的“魄力”，对孩子能那样随随便便地承认自己的错误。

发现自己不敢承认错误会对孩子造成很不好的影响，是之后发生的一件事情。

那天我回到家里，发现经常使用的爽肤水不见了，而且我早上明明用过的。当排除一切可能的情况之后，我问瑞瑞看没看见，今天只有他一个人在家，他是最有可能知道爽肤水下落的人。谁知道，我刚问他，他马上把头摇成了拨浪鼓：“我没看见，妈妈，是不是你自己记错了，会不会被你早上用完扔掉了？”

“不会！”我马上打断他。这套化妆品是我上个月买的，还有大半瓶之多，怎么可能被我扔掉？而且要是我扔掉的话，应该有印象，我怎么一点儿都想不起来？既然他这样顾左右两言他，问题多半是出在他这里。

想到这里，我单刀直入地问他，是不是他弄打了，如果他主动承认错误的话，我是不会怪他的。谁知道他听完我的话，像长出了一口气一样，说：“是我弄打的又能怎么样呢，你再买一瓶不就完了吗？”

听到他这样说，我气不打一处来，可是冷静下来想了一下，他的态度和我上次的态度不是如出一辙吗？明明是自己的错误，就是不肯承认。现在孩子年纪还小，如果长大了还是设法掩盖错误，逃避责任，那么后果真是不堪设想，即使不成为一个坏人，起码不会是一个敢认错、勇于担当的人。想到这儿，我出了一身冷汗，马上告诉他，上次那件事情是我做错了，不该乱扔他的东西，更不应该骂他。他听了有些惊讶，不过马上回转过来，安慰我说，事情都过去了，同学们也都是因为家长不同意弄，才放在他这儿的，所以扔了就扔了吧，没有几个人完成的。说完又主动交代今天的爽肤水是他弄打了。他到我房间里找东西，一不小心把爽肤水瓶子碰到地上，摔碎了。他怕我骂他，把瓶子直接扔到了楼下的垃圾箱里，并提出用自己的压岁钱“赔我”。

他的态度与刚才判若两人。看着他的转变，我在心里发誓，以后做错事情的时候，一定主动承认错误，给孩子一个好的指引。

父母敢于承认错误，孩子就敢于承认错误。这一点在青青女儿身上体现得非常明显。有一年我们两家带孩子出去玩，为了锻炼两个孩子，我们让他们两个安排游玩路线，并把当天的活动经费交给他们保管。这天青青的女儿婉琪提出想到夜市吃烧烤，我们一行人就出发了。没想到夜市的人非常多，我们来回几乎都是在人群中推着走的。这当然不算最糟糕的，最糟糕的是，回到旅馆的时候我们发现婉琪的背包拉锁被拉开了，那只小巧的钱包已经不翼而飞。婉琪一见连忙向大家道歉，说都怪自己提出来去夜市，更怪自己没有看护好背包，让小偷有了可乘之机，并提出用自己的压岁钱来补偿这次的损失。

婉琪的表现让我惊讶，更让我感叹，做一个敢于承认错误、敢于承担责任的父母有多重要。

世界上没有真正完美的人，更没有从来不做错事，从来不犯错误的人。承认自己的错误，不是什么丢人的事，相反是一件有责任有担当的事情。“对不起”从嘴里说出来会很难，但是，真诚地从嘴里说出来后，孩子会看在眼里，记在心里，那样，当有一天他做错了事情的时候，才会有勇气承认，也才会心甘情愿地说出“对不起，我错了”。

第四章

和孩子先做朋友，再做父母

没有人喜欢权威，没有人愿意屈服，更没有人喜欢强硬的命令。即使对方是一个小孩子。孩子是我们的孩子，但是更是一个独立的个体，有自己的想法和思想。家长想要让孩子接受自己，认同自己，就要先和孩子做朋友，以平等的心态和孩子交往。

你也曾经是个小孩子

看亲子文章的时候，我看到这样一句话，一下子就被吸引住了。这句话是：每一个家长都是由小孩子成长起来的，每一个爸爸妈妈都曾经是小孩子。想想真是这样，每个小孩子将来都会结婚生子，成为父母，而每一个爸爸妈妈也都是从小男孩、小女孩成长起来的，我们曾经都是小孩子，所以，在教育孩子的时候，也要用小孩子的思维思考问题。

瑞瑞四岁的时候孩子爷爷过生日，家里来了很多客人。按理说，一般的小孩子都喜欢热闹，家里来了很多客人，又给他带了礼物，他应该非常高兴才是，可是瑞瑞完全是另一个样子：不仅没表现出开心快乐，还像个小跟屁虫一样，一步一步跟在我后面，抓着我的手，要把我拉到我们自己的房间去。

老公看见了，非常生气，问我孩子是怎么了，并且吓唬瑞瑞说，再这样的话就要打他了。瑞瑞被吓得不敢再闹，可是明显更不自在了，小手紧紧地抓着我的手不松开。我当时也气坏了，不过我没有像老公一样粗暴地对他，而是想瑞瑞之所以有这样的表现，是不是他有些害怕了呢？平时老公上班，公婆外出逛街、跳广场舞，我和他两个人在家里的时候最多，从来没有这么多人的时候，而且这些人瑞瑞还都不认识，他有些害怕太正常了。记得我小时候就非常害怕家里来客人。那时候我们家还住在平房里，有一个大大的院子。家里来了客人，我就躲到院子里去，等到客人走了再跑出来，当时也说不上怎么回事，就是不喜欢人多，估计也是平时和妈妈在家，人少，习惯了。

我急忙把瑞瑞带到没人的房间里问他，今天这个样子是不是有点害怕了呢？

听我这样说，瑞瑞来了兴致，他告诉我他是有点害怕，他最怕的是一个戴眼镜的叔叔，那个叔叔凶巴巴的，让他看见了就害怕。

瑞瑞这样一说，我才想起来了，家里的客人中是有一个戴眼镜的人，是老公的叔叔家的孩子，为人也很严肃，整个做客过程中我几乎没看他笑过，也没看见他和谁说过话。瑞瑞拉着我要往房间里跑也是这个人来了之后开始的。想想也是，这样一个严肃的人，别说是孩子，我第一眼看见他的时候，也觉得他不好相处，不太喜欢和他碰面。瑞瑞小，又有些胆小和敏感，有这样的表现也算很正常了。

知道了原委，我马上告诉他，大家是我们的客人，我们是主人，要好好地招待，而且别看那个叔叔那个样子，其实是很喜欢小孩子的，他就像小朋友一样，到了一个新环境有点陌生，只要你对着他笑，和他说话，他也会对你笑的。说完我拿了一块糖，告诉瑞瑞如果不信可以去试一下。听了我的话，瑞瑞半信半疑地走过去，没敢说话，把糖小心翼翼地放在了客人的手边。客人原来没看见糖，但是发现瑞瑞站在身旁，就冲他笑笑，顺手把糖给了瑞瑞，两个人你来我往，竟然熟识起来，最后客人把瑞瑞搂在了怀里。从客人怀里出来，瑞瑞既高兴又兴奋，说叔叔说了，好喜欢他，但是神情还是有些扭捏。看到瑞瑞这样，我突然想到一个好主意，带瑞瑞出门给大家买水果和饮料。瑞瑞不喜欢家里的热闹气氛，这些突然涌进的人让他害怕，出去透透气，换换环境可能会好些。

为了避免回去的时候他还是老样子，在回去的路上，我又一次叮嘱他，今天爷爷过生日，到家里来的人都是咱们家的亲人和朋友，是客人，你是我们家的小主人，要大大方方地和妈妈一起招待大家，那样大家会更喜欢你的。

听我这样说，瑞瑞的表情才完全放松了下来。

从外面回来之后，瑞瑞的情绪也明显好了很多，不仅能坦然在房间里面待着了，还小大人一样地给大家倒饮料，分糖果，俨然一个小主人，再也没吵着要一个人回到房间去。

孩子小，对突然发生的事件完全没有心理准备，更没有处

理的能力，有时候会表现出胆小，甚至哭闹，实在让父母头疼，甚至会让父母感觉很丢脸。不过细想一下，孩子有这样的反应和表现，是一件非常正常的事情。如果我们那么小，估计情况也比孩子好不了多少。

知道了瑞瑞怕吵，怕生，以后家里只要有客人来，我都提前和瑞瑞打好招呼，告诉他谁要到家里来，让他有一个心理准备。然后家里来客人的时候，瑞瑞的表现就好了很多。

每个人都曾经是小孩子，所以孩子遇到什么问题，出现什么状况的时候，最好先用孩子的思维思考一下。孩子小，会有很多稀奇古怪的想法从脑子里面冒出来，这些想法，有时候会影响孩子的行为。记得我小时候上一年级，开始的那几天，在教室门口我总是哭得死去活来不进去，妈妈以为我不想上学，生气地打我骂我，甚至把我强塞给老师。其实，只有我心里最清楚，我不想进去是因为那些孩子我都不认识，老师我也不认识，我害怕待在那里。

后来瑞瑞上幼儿园的时候，也出现了同我一样的状况，我首先想到的是孩子对这个环境不太熟悉，所以每天接送他的时候，我都早去一会儿，晚回来一会儿，让瑞瑞熟悉一下环境，没几天，他就不再哭闹了，每天到幼儿园门口都快乐地和我挥手说再见。

亲子作家卢丹丹在书里分享了她和儿子豆豆的一个故事。

她的儿子豆豆有些胆小害羞，幼儿园每次有上台表演活动的时候，总是不太敢参加，即使参加了表现得也是差强人意。她没有像其他家长一样，逼着孩子参加，而是在家里进行了很多次排练，直到豆豆能完全应对自如。她说她之所以这样有耐心等孩子，是因为她自己也曾经是一个胆怯的孩子，小时候每一次上台前都要紧张好长一段时间，所以她理解豆豆的感觉。

在书中她还说了一段让家长们醍醐灌顶的话：当孩子不愿意与其他孩子相处时，家长不能强硬地逼着孩子去和小朋友一块玩儿；当他们不愿意表演的时候，就不要逼他们去表演，父母千万不要因为孩子不配合不出众而生气和难过，父母需要做的仅仅是好好安慰孩子。因为孩子还没准备好，他们没有控制力。

是的，孩子小，对任何事情都没有控制能力，所以，面对一件事情的时候，会紧张，会害羞，会难过。我们要给孩子时间，让孩子适应。

因为懂得用孩子的思维来思考问题，虽然孩子成长中也有些小摩擦，但是总体上来说，我和孩子的关系还算亲密。现在孩子已经上了初三，正处在执拗的青春期，但是我们的关系依旧很好，他有什么事情都喜欢和我说，有什么想法都跑来向我讨主意，让我身边其他孩子家长非常羡慕。经常有妈妈问我，怎样才能让亲子关系更亲密？怎样让孩子对你没有芥蒂，无话不谈？我告诉她们，别忘了你自己也曾经是一个小孩子，孩子出现什么问题和状况的时候，先想一下，这件事情如果发生在孩子时代的你身上，你会是什么样的感受，之后再想着怎样处理和解决。

尊重孩子，先尊重孩子的秩序感

现在几乎所有的人都知道，要想让孩子信服首先要尊重孩子，只有给孩子足够的尊重，孩子才能感到受重视，才能更愿意配合。但是我们却不太清楚怎样尊重孩子，从哪方面尊重孩子。

有的人认为尊重孩子应该从青春期开始，因为那个时段的孩子自我意识开始萌芽，只有感受到被尊重，才更愿意听从爸妈的教导。如果你也有这种想法，那就大错特错了。青春期的孩子应当尊重，但是，尊重孩子的时间段绝不仅仅是青春期，童年时期的孩子一样需要尊重。因为相对来说，童年孩子的秩序感更强，更执拗。

李严家附近有一个早市，每天送儿子上幼儿园的时候，李严都会顺便拐过去给儿子买一杯豆浆。这天，因为早上起来有些晚了，时间有点来不及，她带着儿子出发时就没有去市场，而是直接去了幼儿园。谁知到了幼儿园门口，儿子说什么也不进去，还拼命抓着车把手，哭哭啼啼地让李严去给自己买豆浆。

李严非常生气，不仅没答应儿子的要求，还打了儿子几下，推推搡搡地把儿子送进了教室。放学接儿子的时候，老师告诉她，孩子哭了足足一节课，而且一整天都闷闷不乐。老师的话让李严怎么也想不明白，早上明明已经吃了早饭，因为没买豆浆哭了一节课，不开心一整天，这个孩子怎么这样拗？其实，不是孩子拗，是孩子进入了秩序敏感期，她没有察觉。

著名儿童教育家蒙台梭利说过，孩子天生有种秩序感，尤其是孩子三四岁的时候，迎来了秩序敏感期，秩序感就非常强烈，甚至强烈得有些执拗。这个时候，也是考验我们家长的时候，最好的处置方式就是尊重孩子的敏感期，尊重孩子的秩序感。这种尊重，只会为孩子建立起良好的秩序体系，不会宠坏孩子。

瑞瑞小时候喜欢画画，我经常给他买彩笔。每次画画前，他总是把所有的彩笔都倒在书桌上，而装的时候，总是要思考很久才把笔一一装在里面。开始我觉得非常奇怪，心想装一个笔值得耗费这样大的心思吗？不过我没有帮着他装，而是观察和思考他为什么会这样。后来真让我发现了其中的奥秘。那是我新给他买了一盒彩笔之后，他拿着一支黑色的笔思考往哪里装，我盯着他的小手，一会儿看他放在了中间，一会儿看他放在了第二个的位置，直到他把笔放在左边第一个位置，然后又拿起一支红色的笔，我才恍然大悟，原来他思考那样久，是在想打开盒子时笔所在的位置。我清楚地记得，打开盒子时，这两支笔的位置与次序就是这样的，原来他在想刚打开盒子时候的排列顺序。像我刚开始看见他慢腾腾装彩笔时的心情一样，婆婆看见他想了好久才装一个进去也非常着急，经常想动手帮忙，我告诉她，孩子在思考刚买回来时笔摆放的位置，我们不用管他，让他慢慢弄。现在孩子自己的事情，自己都能处理，也有自己的一套执行标准，基本不用我们操心。

经常听家长说，孩子做什么没规矩、没规律，一副吊儿郎当的样子，很大的原因就是在养育的过程中破坏了孩子的秩序感。

关于尊重孩子的秩序感，一位亲子作家在书中讲了她和自己孩子的亲子故事。有一阵子，她的孩子迷上了开门，每次一家人到家门口的时候，他都要打开房门。而且每次开门都还有一套程序，要先敲门，再开门。有一次一家人刚进到房间，就被孩子推了出来，原来开门的时候孩子忘记敲门了，要回去重来一次。还有一次更奇葩，她着急回家上卫生间，可是孩子偏偏要她跟在自己身后慢慢走，没有办法，她只好向儿子“请了假”，跑到楼上，上完卫生间再跟在儿子后面上楼，等着儿子开门。

不仅仅只有三四岁的孩子有强烈的秩序感，多大的孩子都有自己的秩序感，都有自己的一套行动体系，而且随着年龄的增长，秩序意识会更加强烈。这个时候对孩子的秩序感加以尊重更能促进建立良好的亲子关系。

对于年龄小的孩子来说，尊重孩子的秩序感，可以从这几方面入手：一是满足孩子的心理诉求。当孩子因为做事情的顺序变化而产生哭闹，变得不可理喻时，家长要理解孩子对秩序的执拗心理，条件许可的情况下满足孩子。就像上面提到的亲子作家的做法一样，让孩子得到心理满足，往往孩子过一阵子就会对这些失去兴趣，转而关注其他的事情，所以大可不必担心惯出孩子的坏习惯。相反，如果孩子在这个敏感的执拗期，心理诉求得不到满足，才是一件可怕的事情。

二是尽量给孩子创造一个稳定的生长生活环境，让孩子减少情绪上的波动。不知不觉中孩子就对周围事物形成了自己的秩序体系，他们迷恋做事情的程序，陶醉于物品的摆放和一切在他们看起来不应该变化的事物，以至于东西放错了位置他们会耍脾气，换一个床铺睡觉他们会大哭大闹，到了一个新环境也会周身不自在。所以就要尽量保证他们所处的环境是他们熟悉的，符合他们自己认知体系的，这样才能帮他们平稳度过让人难以理解的执拗期。

如果面对的是年龄较大的孩子，就要认同孩子的秩序，从心里去尊重。我的一个朋友给我讲了这样一个故事。他儿子有一个很不好的习惯，每天放学回来的时候，总是要把书包里面的书都掏出来才写作业，书桌更是，资料、教材横七竖八地堆在那里，乱糟糟的，让人不忍直视。她叮嘱过孩子几次，也帮着孩子清理了几次，但是清理完没两天还会被孩子弄乱，而且她清理过后，孩子还经常找不到资料，她也就不再强行帮孩子收拾书桌，而是帮孩子在网上买了一个收纳书架。孩子的书桌从此清爽多了。更为奇怪的是，现在孩子做什么事情都有板有眼。有时候回到家还会主动做家务，变成了一个名副其实的小暖男。关于自己的“蜕变”，孩子说过一句让她感动又感慨的话：“我把书桌弄得乱糟糟的，妈妈都不说我，我又怎么能气妈妈呢？”

看到没，你尊重了孩子，孩子才会尊重你，体谅你。

想让孩子敞开心扉，先对他敞开胸怀

你是不是幻想过和孩子没有代沟，没有芥蒂，孩子像朋友一样，什么事情都愿意和你说，什么话题都喜欢和你分享？其实，这真的不是一件多么困难的事情，只要你对孩子敞开胸怀，无论多大的孩子都能对你敞开心扉。

瑞瑞上小学的时候，有一次我接到老师的电话，说他今天在学校跟同学打架了，问为什么打架，还不说原因，让我回到家里好好开导和教育一下。

我听了电话，真想狠狠地骂他一顿，可是转念一想，骂孩子也不是解决问题的办法，而且自己的孩子自己了解，瑞瑞也不是一个喜欢惹事和动手的孩子，背后一定有原因。于是我压下火气，问瑞瑞今天是不是在学校和同学打架了。瑞瑞承认了打架，但是，像老师说的一样，无论我怎么问，他就是不说打架的理由。

最后实在没有办法，我说，其实妈妈上小学的时候也和同学打过架呢，你想不想听听妈妈和同学打架的故事呢？

听到我要说自己的故事，瑞瑞的小眼睛亮了，告诉我他很想听。我告诉他，小时候我们家有两个孩子，弟弟比我小两岁，因为家里没有其他人帮忙带孩子，妈妈总让我照顾弟弟。而为了照顾弟弟方便，我上二年级的时候，妈妈就把弟弟送到了一年级。弟弟年纪小，班里的孩子总欺负他，弟弟受欺负了就哭哭啼啼地找我帮忙。慢慢地同学们都知道我有一个弟弟，也都认识了我弟弟。有一天，弟弟又被一个孩子打哭了，刚好被我们班的同学看见了，找到了我，我怒气冲冲地冲到了弟弟班，没想到那个孩子也找来了他哥哥，而他哥哥正好是我们班的同学，我们两个又吵了起来。那个孩子不仅吵，还骂人，一下子把我激怒了，我就打了他一下，结果从吵架就升级成了打架，而且越打越激烈，最后老师来了，我们才住手。

讲完之后，我对瑞瑞说，其实妈妈也不想打同学的，可是他骂了一句很难听的话，我实在是气急了才动手的；没有人喜欢打架的，更没有人无缘无故打架，打架都是有理由的。

听我这样一说，瑞瑞也改变了刚才三缄其口的状态，主动对我说，今天他和同学打架，是因为同学说他戴着眼镜是因为打游戏把眼睛打坏了。瑞瑞说，他的眼睛是看书看近视的，根本就不是打游戏打的，他听了非常生气，才和同学打起来的，并说老师也批评他了，还罚他站了办公室，之后不管怎么生气他也不能打架了，好丢人。

我没想到自己的一个故事，就“撬”开了他的嘴巴，从那以后，瑞瑞出现什么状况，有什么情绪波动，我都用自己当年的故事开导他。

一次，瑞瑞放学回来神秘地告诉我，他们班有一个男生和一个女生早恋，被老师发现了，老师叫来了他们的爸爸妈妈，把他们都带回家反省去了。

听到他的讲述，我的心也跟着多跳了几下。多跳几下的原因是，现在孩子普遍成熟得早，我害怕他也学着同学的样子早恋，于是给他讲了自己中学时候的故事：那时候我们都是一个男生和一个女生一张桌，和我一张桌的男生，人长得特别帅气，脾气还特别好，每天总是笑呵呵的，是一个典型的阳光大男孩，而且我们学习成绩也相当，想法也相合，所以经常在一起讨论问题。那时候我们才步入青春期，对爱情有着极强的好奇心，理所当然地认为对方就是自己喜欢的人，不讨论问题的时候，也经常在一起。尽管处于青春期，但毕竟还是小孩子，每天总想着怎么让对方开心和高兴，我们就都没有多少心思学习了，成绩一落千丈。老师发现了我们关系的异常，严厉地批评了我们，并且给我们调开座位，我们的心才慢慢回到学习上来。讲完我告诉他，虽然是中学生，但是年龄才十几岁，根本不明白爱是什么，所以中学时代，小男生和小女生在一起感觉舒服自在，并不代表就是爱对方。那种好，连好感都算不上，仅仅是两个孩子在一起玩得来，学生时代，主要精力还是要放在学习上，等到了真正该恋爱的年纪，再去恋爱，才能遇到对的人。

我刚说完，瑞瑞就大笑起来，说：“妈妈，你是害怕我也早恋吧。你放心吧，我是不会这么早就恋爱的。老师说了，更好的人，都在我们长大的时候等着我们呢！”

说完这些，他又和我说了自己将来的“择偶标准”：一定要很优秀，还要喜欢读书，和他有共同语言，两个人还都要有事业。话虽然还有些孩子气，但我也听出了里面的推心置腹。于是我更相信这样一句话：想让孩子对你敞开心扉，你就要对孩子敞开胸怀。我想，如果没有我一次次对他敞开心扉的交谈，他不会如此大方地向我敞开胸怀，什么都和我说的。

无独有偶，好友于梦也是一个能向孩子敞开心扉的人。于梦自从有了孩子之后，变得非常喜欢说话，什么都想和孩子说，什么都想和孩子分享。所以在儿子能听懂话，能听明白故事的时候，就迫不及待地给孩子讲她小时候的故事。久而久之，她在儿子眼里就成了一个没有秘密的透明人，儿子知道她小时候第一次考试得了一百分，高兴得笑了好几天；也知道有一次她因为贪玩，不听妈妈的劝告上了矮墙，结果从墙上摔了下来，哇哇大哭；还知道她小时候不喜欢吃药，把药藏在衣兜里，被妈妈发现暴打一顿……

只讲往事还不算，讲述的时候，她还会加进现在的人生感悟，潜移默化中教会了孩子很多道理。比如有一次她和儿子讲自己小时候一次考得不好，怕妈妈发现偷改试卷分数的故事，之后总结说，当时改了试卷，爸爸妈妈没发现，觉得躲过了“一劫”，后来期末考试没考那样高分，被妈妈好一顿批评，才知道做什么事情都要实事求是，绝不能撒谎，更不能投机取巧。她说和儿子讲往事的时候，她完全没把儿子当成一个孩子，而当成了一个能诉说心情的大人、一个朋友，觉得孩子就是那个和她谈心的人。她把儿子当成了知心朋友，儿子也把她当成了甜蜜的伙伴，什么事情都愿意与她分享。现在，她的儿子已经上大三了，每天还会和她煲一会儿电话粥，假期回来，不是跑出去和同学玩，而是躲在卧室里和她聊天，小到今天吃什么，大到人生、历史事件，他们之间永远有说不完的话，永远有聊不完的话题，她知道儿子所有的想法、所有秘密，两个人不像母子，更像是推心置腹的好友、忘年交，关系非常亲密，从来没听她说过孩子不愿意和她沟通，有事情瞒着她。

她经常和我们这些宝妈说一句意味深长的话：不要怪孩子什么都不和你说，先问一下自己对没对孩子敞开过心扉。孩子的心，是会上锁的，你的心对他上锁，他的心也会对你上锁。

所以，作为家长，一定要向孩子敞开心扉去交流，信任都是相互的，你对他敞开了心扉，他才觉得你信任他，才会对你敞开胸怀。

和孩子交往，也要学会换位思考

这几天，一直为一条新闻难过。新闻说的是一个驾车行驶在路上的妈妈批评17岁的儿子几句，儿子打开车门飞身从高架桥上跳了下去，当场死亡。一个17岁的花季少年，就这样无声陨落，让人除了心痛还是心痛。妈妈批评孩了，一定是孩子有什么地方做得不对、不好，不然没有一个妈妈舍得责骂孩子的。可是既然做错了，妈妈批评几句也没什么不妥，孩子为什么会做出这样的过激举动?

答案只有一个，妈妈在和孩子交流的时候出现了问题。孩子是一个独立的个体，当他做的事情得不到认同，并且遭受到批评指责，很容易做出过激的事情。

我所在的小区去年就发生过惊险的一幕，一个14岁的孩子被妈妈说了几句就跑到了小区的天台扬言要从上面跳下去。而事情的起因竟然是因为孩子找妈妈要零花钱，妈妈骂了孩子。事情的经过是这样的，孩子班有一个同学过生日，大家商量好了，每人拿 100 元参加同学的生日聚会。孩子找妈妈要钱，妈妈只给了他 20 元钱。孩子觉得很没有面子，趁妈妈不在房间的时候，偷偷从妈妈的钱包里拿出 100 元钱。可是，天公不作美，孩子刚拿完钱，还没等放起来，妈妈就回来了，看到孩子手中的钱，妈妈不仅把钱收了起来，还把刚才给的 20 元钱要了回来，并责骂孩子是一个小偷，以后也不会好到哪里去。孩子一气之下，跑到了楼顶，幸好当时楼顶上有两个工人在检修电缆，及时拉住了孩子，不然凭孩子的冲动劲，一定会造成严重的后果。

这件事情一看就是孩子的错，友情不是靠金钱买来的，何况爸爸妈妈辛苦赚钱不容易，不能不顾及这份辛劳，无界限地乱花钱。但是，是孩子的错，也并不代表妈妈就没有错，妈妈完全可以告诉孩子不给孩子这笔钱的理由。一般来说，只要把具体的原因都告诉孩子，孩子是愿意听从家长的话的。另外妈妈还应该想想，参加个生日聚会就要这样多钱，是不是同学都商量好的？孩子不同意拿 20 元参加聚会，是不是觉得很没面子？是不是觉得没有办法和同学交代？但是，上面说的这几项，这位妈妈都没有做，只是粗暴地责骂孩子，甚至骂孩子将来会成为小偷。孩子是无心之过，给扣一个这样大的帽子，孩子当然不会接受。

那么，这样说，是不是孩子做什么事情，我们都听之任之，不管了呢？当然不是，孩子的成长还是需要我们家长的指导和引领的，特别是青春期的孩子，家长的良性引导能让孩子变得更优秀。家长恶性引导，甚至不引导，散漫放养，孩子会出现很多问题。

可是要怎样和孩子交往呢？答案是将心比心，从孩子的角度出发去思考问题。孩子也需要听意见，当他发现你真的是为他好，对他真的有帮助，他很愿意听你的建议，按你说的方式方法处理事情。

有一次，我们家中放在抽屉里的零花钱少了几十块，我第一个想到的就是被瑞瑞拿去了。老公从来不花这里面的钱，而我这几天也没拿。于是我就去瑞瑞的钱包里寻找，果然在钱包的夹层里找到了。孩子学会了偷钱当然不是小事情，瑞瑞放学回来之后，我就对他进行了询问。开始的时候，他说什么也不承认，等我拿出证据的时候，他才低下头不再辩解，告诉我钱是他拿的，过几天就是爸爸的生日了，他想拿钱偷偷给爸爸买一个生日蛋糕，可是一个蛋糕需要100多元，自己的零花钱不够了，就想到了抽屉里的钱。

交代完事情的始末，他理直气壮地说，自己就是想给爸爸一个惊喜，钱也不是花在其他的地方，根本不能算偷，而且他也看到我用钱了到那里面去拿，自己钱不够用，就直接拿去了，自己也是家中的一分子，为什么不可以在里面拿钱？看他盛气凌人的样子，我觉得好气又好笑。不过我没有笑，也没有骂他，孩子的出发点是好的，想给爸爸买一个生日礼物，也是有一颗感恩回馈的心，只是做事情的方法不太妥当，但是也真的不能上升到偷钱的高度上来。

于是，我告诉他，他知道给爸爸买礼物是好事，爸爸妈妈原谅了他，但是钱不够可以和爸爸妈妈说，不应该私自拿抽屉里的钱，并且我每个月多给他 10 元钱，他可以买自己喜欢的东西，也可以攒起来，之后给大家买礼物就不用找爸爸妈妈要钱了。听我这样说，刚才还脸红脖子粗说自己冤枉的瑞瑞态度一下子缓和下来，承认自己做得有些欠妥，并告诉我，以后再也不随便拿抽屉里面的钱了。

奥地利心理学家阿德勒在《自卑与超越》一书中说过，每个人都有自己的思维逻辑方式，做每一件事情，都是按自己的思维逻辑去做；而且每个人做每一件事情，都是在潜意识里认为正确的事情。所以从个人角度来说，做的什么事情都是对的，只有对的才会去做。孩子也是一样，虽然我们看起来他做得不合时宜，做得不对，但是在他的想法里，还是认为自己做的是正确的。所以和孩子交往的时候，从孩子的角度换位思考一下，你可能会得到不同的答案。

每个人都有这样的体验，自己认为做对的事，被别人质疑，心里极不舒服。孩子也一样，而且孩子年龄小，考虑事情不成熟，血气方刚，更容易产生这样的情绪。如果这时候你只是批评指责，势必引起他们的不满，从而和父母顶撞，做出过激的事情。但是你从他们的角度，站在他们的立场分析，效果绝对会不一样。像发生在瑞瑞身上的那一件事情，如果我一味地揪着他偷拿了钱这件事情不放，说他做得不对，甚至上纲上线，我们之间也势必会发生争吵，我们的关系也会降到冰点。但是，我从他的角度，先肯定了他的孝心，他心里会舒服很多，会觉得我是理解他的，之后我们的交流才会顺畅。

自然，有些事情，孩子的出发点是好的，但是做事情的方式可能不太妥当，比如瑞瑞给爸爸买蛋糕这件事，虽然从孩子的角度出发，应该理解，但是做得不妥一样要指出来，并且帮他纠正，不然他会做什么都凭着自己的想法行事，到时候会得不偿失。

其实对于孩子，你和他说明了，他知道你理解他了，你再和他说道理的时候，他即使是反对，最后也会听从的。因为你的理解，在他看来就是把他当成了一个平等的人。父母和孩子其实是看不见的上下级的关系，这个关系我们大人未必觉察，但是在孩子那里却是体察得明明白白，而且他极不喜欢这种关系。你遇到事情从他的角度出发去分析、思考，他会觉得自己的地位在提升，他和你变得平等。而最容易达成共识的对话方式，恰恰就是平等的方式。所以以平等的姿态和孩子交流沟通，是父母要学的第一课，而从孩子的角度来思考，是这一课的敲门砖。

最成功的父母从来不是让孩子怕

亲友相聚，经常听到这样的提问：你们家的孩子都这样大了，他怕不怕你啊？孩子总得怕一个人，你们家孩子怕谁啊？

听到这样的话题，我总是莞尔一笑，孩子成长必须怕什么人吗？最成功的父母可从来都不是要让孩子怕。

家乡有一对夫妻，因为老来得女，对小女儿倍加宠爱，用“捧在手里怕摔着，含在嘴里怕化了”形容，一点儿都不为过。那时小镇上刚有各类特长班，女孩说想学古筝，夫妻俩就给女孩报了古筝班，每天风雨无阻地接送；女孩过生日，两个人每年都会送上精心准备的礼物；节假日，两个人带着孩子去书店，去博物馆，外出旅行；也都把孩子捧在手心里，不打不骂，家里的气氛也非常民主，什么事情都告诉女孩，甚至都同孩子商议，可以说孩子成长在一个充满爱的花园里，享受着爸爸妈妈的最大宠爱。这样的宠爱呵护，小女孩谁都不怕，谁都爱。自然也经常有人逗问孩子“谁对你好？”“你怕谁？”“爸爸妈妈谁好？”这样的话，女孩的回答永远是爸爸妈妈都对我好，都爱我，我谁都不怕。就是这个说不出自己怕谁的孩子，从小到大学习成绩优异，后来一路高歌猛进，考上了北京的清华大学，现在正在美国深造。

成功的父母从来都不是让孩子怕的，让孩子怕的父母，同样也培养不出优秀的孩子来。

我有一个同事的老公，信奉“家长一定要有威严，要让孩子怕”的教育理念，在家里很少对孩子有笑脸，表扬和鼓励孩子更是难有的事，而且还在家里制定了很多规矩，如果违背就要受到惩罚。同事气愤地说，有一次孩子不听话，他把孩子关在柜子里，还有一次孩子因为做作业的时候做错了几道题，他罚孩子不许吃晚饭。他们家有一个儿子和一个女儿，两个孩子都非常怕他，看他脸色不好，大气都不敢出。两个孩子都不优秀，不仅不优秀，还懦弱胆小，做什么事情都没有主见，就像两棵柔弱的小草，在学校里经常被其他孩子欺负。

我另一个朋友家的状况并没有好到哪里去。他虽然不赞同打骂教育，但是却奉行很早以前提倡的“一个红脸一个白脸”的教育模式，两个人一慈一恶地教养孩子。他是男的，自然扮演红脸的角色，对孩子粗暴严厉。妻子性格温柔，就扮演白脸的角色，悉心照料安抚孩子，也算是分工明确，可是他们家呈现出来的格局是什么呢？是孩子在他的面前乖巧听话，在妻子

面前撒娇任性，同样没有取得好效果。

现在，时代早已经不同了，不打不成才，棍棒底下出孝子的教育理念早已经成了封建糟粕，不适合拿来教育孩子了。

有这样一个教育孩子的故事。

一个孩子不喜欢刷牙，爸爸想让他养成刷牙的习惯，每天早上起床都会厉声警告孩子刷牙，晚上睡觉的时候，则粗暴地把孩子“押”到卫生间，并且盯着表计时，刷足三分钟才能让孩子离开。孩子非常怕他，每天早晚看到他，就灰溜溜地进入卫生间刷牙。但是离开了他的监控，则能躲就躲，从来都不会想起来主动刷牙。

而另一个爸爸，同样是要孩子养成刷牙的习惯，每天刷牙的时候，都会叫上孩子，还亲自带孩子挑选自己喜欢的牙膏、牙刷、杯子，并且细心地教孩子怎样挤牙膏，怎样用牙刷，还会张开嘴和孩子比赛谁的牙齿白。孩子没几天就养成了刷牙的好习惯，有时候他还没起来，孩子就到他的房间里提醒他起床刷牙。

无论什么事情都是一样，大棒是解决不了问题的，孩子是我们生命的延续，是一个独立的个体，他和我们的关系是平等的，不是上下级，一个发布命令，一个必须执行的关系。我们应该以孩子“怕”我们为耻，而不是为荣，不然也不会有那样多修复亲子关系的讲座了。

天下没有不爱孩子的父母，却有不会爱的父母，他们把让孩子怕当成了教育的圣旨，认为孩子只有怕自己才能成功，才能成才。这个想法是大错特错的，《红楼梦》中，贾宝玉非常害怕父亲贾政，见到父亲连大气都不敢出，但是贾宝玉不仅没有成才，反倒成了一个多情公子。

让孩子怕，不仅不会教育好孩子，还会为孩子带来心理阴影。我一个做幼儿教师的朋友曾经讲了这样一件事，有一天，她看护小朋友睡午觉，刚睡下没多少时间，听到一个孩子大哭起来，她以为孩子出现什么状况了，马上跑过去查看。结果是一个小朋友做噩梦了，在说梦话，孩子喋喋不休地说："爸爸别打我，爸爸别打我。"她急忙把孩子叫醒，一问才知道昨天晚上他被爸爸打了，她安慰了好久，孩子的情绪才平复下来。而据她所知，这个孩子的爸爸脾气比较急躁，对孩子也非常严厉，有时候就会打孩子。孩子的身上和脸上经常有青一块紫一块的伤。更让人心痛的是，孩子一次次和她说，自己不喜欢爸爸。有一次，孩子的妈妈来接孩子，告诉他爸爸去乡下的爷爷家了，孩子高兴得跳了起来。孩子年纪小，说不出什么表达情绪的大道理，但是他的表现却说明了一切，他怕爸爸，更不爱爸爸。

让孩子怕的父母，绝不是好父母。虽然孩子因为惧怕你，暂时会表现得很乖很听话，但是那种不满的情绪会在体内积聚下来，等到孩子有了反抗的力量的时候，就会奋起反抗。典型的就是那些青春期极度叛逆的孩子。心理学家经过研究发现，越是生长在暴力、压抑环境下的孩子，青春期反叛得越强烈。没有人喜欢被压制，没有人喜欢被奴役和束缚，成人是，天性自由的孩子更是。孩子怕你，就不会爱你。有这样一句经典的话：童年能治愈人的一生，有的人却用一辈子治愈童年。那些小时候惧怕家长的孩子，就是要用一辈子的时间来治愈童年带来的创伤。因为家长给他们的恐吓和压力，让他们严重缺乏安全感。他们长大成人之后，不仅跟家人关系疏远，社交也会受到影响。

对于孩子来说，父母天生就有种威严感，这份威严感就够了，完全不用再“额外加量”，完全不用让孩子怕你，有一句话叫“心服还是口服”，让孩子怕父母，孩子都是“口服”，没有几个是心服的。

不过，不让孩子怕也不等于溺爱娇惯，这个时候，就要我们在压制和溺爱之间找好平衡点，这个平衡点的核心就是，要让孩子感受到你真心爱他、喜欢他、在乎他。当他真正感受到这些的时候，才会愿意听你的建议，愿意按你说的要求去做。而孩子爱你，就能真正在心里敬重你，所有的亲子和教育的问题都将迎刃而解。

好父母，一定要接纳孩子的不完美

世上没有完美的人，更没有完美的孩子，但是我们有很多家长，都希望自己的孩子是最完美的。

有一天，我应邀到一个学校参加亲子教育课，课上一位家长向我询问，怎么才能让自己的孩子在每一个方面都表现出色？我告诉她，这个有些困难，因为世上根本就没有完美的人，更别提有完美的孩子，想让孩子各个方面都表现优异，有点不现实。

其实她的孩子已经算得上很优秀了，学习成绩在班级领先，自我管理能力还强，放假不用家长逼迫都知道自己预习功课。让她不满意的是，孩子比较内向，功课倒是省心，社交能力却弱，她询问有什么办法让孩子也像其他孩子一样活泼大方、伶牙俐齿。我理解她的心情，每一个家长都希望自己的孩子功成名就。但是人有差异，术有专攻，世上没有两片完全相同的叶子，更不会有两个完全相同的人，也不会有各方面都好，完全完美的人。想培养出优秀的孩子，我们首先要有一个心态，那就是接纳孩子的不完美。她的孩子爱学习，自我管理能力强，和他的性格有很大的关系，如果他像别的孩子一样活泼好动，那么就不会这样沉稳。世上的万物都是相生相克的，这方面表现突出，另一方面就会欠缺些，这样才能维持内在的平衡。

接纳孩子的不完美，一直是每一位家长的必修课，你不能接纳孩子的不完美，眼睛总盯在孩子的短板或者不足上，孩子会越来越差。

刘莎莎是一个可爱的小姑娘，聪明伶俐，如果说有哪一点差强人意的话，就是到了公众场合有些害羞，不太敢发言，刘妈妈对此非常难过。听别人说，经常带孩子到公众场合，孩子会变得大方，敢说话，刘妈妈就经常带着孩子参加社群活动。可是刘莎莎却是一个天生就敏感和害羞的孩子，妈妈越是带她到这样的场合，她越表现得难过和紧张。后来，不仅到了陌生的环境不敢说话，甚至害怕到陌生的场合去，原来的聪明伶俐也褪去了，成了一个略微有些逊色的孩子。

心理咨询师蒙谨曾经在《接纳孩子不完美》一书中说过，在孩子不能正确认识自己、评价自己之前，父母对待孩子的态度，决定着孩子对自己的解读程度。如果父母总是看到孩子的坏，那么孩子也会下意识地去屏蔽自己的好。如果父母能无条件接纳孩子，总是给孩子希望和鼓励，那么孩子就会在潜意识里铸造信心和勇气。所以，作为父母，一定要和孩子保持亲密的关系，一定要以欣赏的眼光看待孩子，接纳孩子的小缺点、小错误，接纳孩子的不完美。

你要明白，你不是完美的父母，你的孩子也不是完美的孩子，只不过你们都在彼此努力，让自己变完美。

接纳孩子的不完美，不是说说那样简单，也是要付诸行动的。那么怎样才能做到接纳孩子的不完美呢？首先就是降低对孩子的期望值。我想所有的家长都有这样的想法吧，孩子刚出生，对着这个襁褓中的小儿，有着很多的期许，更期待在他身上能发生很多奇迹，后来随着孩子的长大，我们发现，孩子离我们想象中的样子有很大的差距。这一点我有一个朋友开了这样一个玩笑：他说，孩子刚出生的时候，我左看右看都觉得他聪明伶俐，将来不是考清华就是考北大，可是上了小学，我发现他考个 985 就很好了。可是等到孩子上了初高中，就感觉他要是考上一个一本，将来有一份能糊口的工作我就心满意足了。开玩笑是开玩笑，也说明一个事实，我们的孩子没有我们想象中那样优秀，更没有想象中那样完美，所以，不要对他们有过高的要求。期望越大，失望越大，有一个平常心，孩子成长没有太大的压力，可能会更优秀。

其次就是要放慢速度，耐下心来。孩子成长的过程是一个缓慢的过程。有一句话可以很好地形容孩子的成长，这句话是“牵着蜗牛去散步”，欲速则不达，你要慢些，再慢些，不急躁不催促，孩子才能成长得从容。

有一个孩子，小时候聪明可爱，特别是她跳舞非常有天赋，无论什么舞蹈，看几遍就能跳下来。她妈妈见了非常欣喜，一心想把她培养成舞蹈家，不仅为她报了民族舞的课，还报了拉丁舞、国标和芭蕾，几乎所有的时间都耗费在舞蹈班上。可是孩子小，这么多课上下来，马上就承受不了，不仅没了原来跳舞的灵性，对舞蹈也没了兴趣。这个女孩的故事更像是伤仲永的故事。

其实，所有的伤仲永的故事，都有一个隐形的杀手，就是爸妈太急躁，太急迫，太想让成功的光环笼罩着孩子。然而，欲速则不达是千古真理，孩子成长也是一样，是有节奏的，要一点点来，循序渐进。

最后是放下那颗攀比的心。父母不能接受孩子的不完美，很大程度上是因为把自己的孩子跟其他孩子比较。孩子个体之间是有差异的，越攀比，就会越觉得自己的孩子不如人，越觉得自己的孩子不完美。

瑞瑞小时候，有一年春节，我们带着他参加家族聚会，遇到了两个非常厉害的孩子，一个小女孩能把《三字经》《百家姓》倒背如流，一个小男孩能认识 1000 个汉字。两个孩子在客厅里轮流表演，引得大家一阵阵掌声。他们的年纪和瑞瑞差不多大，能力却超出了瑞瑞一大截，看着他们，我的心里非常不舒服，觉得自己的孩子真是太笨、太失败了，什么都不会，没有一样能拿得出手的。这时候，老公看出了我的心思，挥手叫我和儿子到外面去玩。外面冷，儿子怕我冷到，伸出他的小手帮我扣大衣的扣子。看着儿子认真的模样，我的心一下子舒缓下来，儿子没有才艺，但是这份细心和细腻，也是难能可贵的呢。这一切，让我瞬间想到亲子作家刘继荣《坐在路边鼓掌的人》，孩子没有才艺能怎么样，懂得爱人，懂得爱你就够了。于是，刚才那份不快马上消散不见了。有时候攀比真的就是一棵毒草，放下了攀比的心，才会发现自己的孩子也很好。

接受孩子的不完美，是父母给孩子最好的礼物，接受你不完美的孩子，然后再带着他奔赴塑造完美的旅程，才是教育的真正意义。

第五章

给孩子的心里注入一个理想

理想对于孩子的成长来说至关重要，它能帮助孩子确立奋斗目标，明确前进方向，是孩子的人生指南，也是前进的动力。有理想的孩子和没有理想的孩子，有着天壤之别，不想让孩子过于平庸，就要在孩子很小的时候栽种下理想。

没有理想的孩子没未来

有志不在年高，无志空活百岁。理想是人成长路上的明灯，人生路上，只有有了理想的指引，才能在漫长的道路上找到前进的方向，不然就会像漂在大海上的小船，随波逐流。

徐浩和郑薇薇是一个班的同学。不同的是，徐浩从小就有一个远大的梦想，有一天能像杨利伟一样，穿着航天服开着宇宙飞船到太空去。为了这个梦想，他每天早上都早早起来和爸爸到公园跑步，晚上的时候，则和姐姐一起练英语口语。因为妈妈说过，宇航员是要和全世界各个国家的人一起工作的，英语不好的人是做不了宇航员的。上课学习的时候徐浩也非常认真，平时做完功课，有时间的时候，就扎在书堆里看书，尤其喜欢看天文、科学方面的书籍，想早一点儿知道天空的秘密。徐浩还让爸爸给自己买了一个高倍望远镜，没有事情做的时候，就看天上的星星。

而郑薇薇则完全是另一个样子。她没有理想，不知道将来自己想干什么，认为学习是一件辛苦的差事，不仅不好好听讲，还不好好完成作业，平时也散散漫漫，没有一点儿少年的阳光和激情。老师生气地责问她："你现在不好好学习，将来干什么去呢？"她告诉老师，自己也不知道自己要干什么，更没想过将来怎么办，到时候再说吧。这样敷衍的态度，学习成绩当然不会好，成绩总在班级的后几名。

两个孩子之所以呈现出两种截然不同的状态，是因为他们一个有理想，一个没理想。一个人有没有理想，身体里散发出的能量是不一样的。有理想的人周身散发出激情和活力，没有理想的人，做什么都没有激情，没有斗志，结果只能一事无成。

有理想的人，和没有理想的人完全是两种状态。

寺院里，有两个小和尚每天跟着师父打坐修禅，其中一个和尚，也想成为像师父一样学识渊博的高僧，每天和师父打坐修禅的时候，都分外用功、用心。另一个和尚，对自己的将来没有一点儿规划，根本不知道之后自己能干点什么，所以和师父修行的时候，完全印证了那句话："做一天和尚敲一天钟"，无精打采，心不在焉。有一天，师父考两个人佛法，用心的和尚每个问题都能对答如流，另一个和尚，虽然也随着师父修行了一段日子，但却是一问三不知。气得师父问他："你跟我这么久，没有一点儿精进，你以后想干什么呢？"

这个和尚答道："和师父诵经啊！"

师父生气地又问他："只是诵经吗？"

他说："只是诵经。"

师父无可奈何地说："如果有一天我不在了怎么办？"

他想了想说："那我就不知道怎么办了。"

现实生活中，有多少孩子乃至成人都是这个和尚的状态呢？

列夫·托尔斯泰曾经说过："理想是指路明灯。没有理想，就没有坚定的方向；没有方向，就没有生活。"现在我们听到最多的词，可以说是"迷茫"了，成人说自己迷茫，刚步入社会的青年说自己迷茫，就连背着书包的小孩子也经常把迷茫挂在嘴边。有几天我就从小侄子的嘴里听到了这个词。小侄子才17岁，读高一，初中的时候成绩就不太好，高中成绩就更是惨不忍睹了，经常说自己好迷茫，不知道长大了该干什么。其实，迷茫，就是一个好听的托词，说到底，还是心里没有理想，如果心中有理想，知道自己该做什么，要做什么，是不会有迷茫的感觉的。

胡晴是一个十分可爱的女孩子，她最惹人怜爱的一点就是，非常自律。每天早晨六点半，她都会准时从床上爬起来，匆忙洗漱之后，打开音频听英语。晚上做完作业，洗漱停当，也会听半个小时英语才休息，从来没有因为什么原因间断过。支持她这样自律的，是她非常羡慕电视里面的英语播音员，梦想有一天自己也能坐在镜头前，用英语播报新闻，用英语和外国领导人面对面交流。

爸爸和老师告诉她，想要做英语节目主持人，英语一定要好，所以她只要有时间就学英语。自然，功夫永远不负有心人，她已经代表学校参加好几次英语演讲比赛了，都取得了不凡的成绩，离她的梦想越来越近了。而她一点儿也不满足，每年的寒假和暑假，都会让爸爸妈妈给自己报英语学习班，还参加英语夏令营。她们家附近有一个五星级大酒店，经常有外国客人过来用餐，是近距离和外国人交流的好机会。更巧的是，妈妈的一个朋友在酒店做经理，初中毕业的那个暑假，她就恳请妈妈和阿姨商量，可不可以让她假期到酒店做短工。

努力永远是有回报的，去年，她已经被美国哈佛大学录取，现在，她正坐在美国哈佛大学的课堂上。

梦想就是人生路上的点点星光，能照亮前进的路。

没有梦想的孩子，就没有这样幸运。

王子是一个高高大大的大男孩，但是与他高高大大的形象不相符的是，他被爸爸妈妈宠成了小王子，什么事情也不会做，什么事情也不想着做，什么事情也不知道做。在他的世界里，吃好、睡好、玩好就是他的终极理想，成绩当然是惨不忍睹，初中毕业连最普通的高中都没考上。爸爸没有办法，只好托关系，花钱把他送进了一个职业技术学校。可是，他根本没有学这些技术的想法，上课的时候自然不会认真听课，晃晃荡荡三年，毕业的时候，还是什么也没有学会。眼看着他昔日的同学上大学的上大学，做学徒的做学徒，开门店的开门店，只有他一无是处、一无所长，他的爸爸妈妈急坏了，可他没有因为自己的境况有一点儿着急的样子，反而什么都不去做，心安理得地做一个啃老族。最后爸爸忍无可忍，把他送到了一个朋友的工厂里。理想是人生前进路上的指引，少了它，付出再多心力，花费再多金钱，孩子可能还是一事无成。

孩子小，根本就不懂什么叫理想，更不知道理想对于自己的人生有怎样的意义，所以想要孩子有理想，离不开父母的精心引导。最著名的孟母三迁的故事，就是引导孩子的一个典范。虽然孟妈妈没明确告诉孩子长大该做什么，该成为什么样的人，但是孟子的妈妈看到儿子跟着邻居孩子扮作哭丧的人、扮作小贩，觉得对孩子的成长不利，把家搬到了学堂附近，孟子每天和学堂里的孩子学习诗书，模仿他们的行为和礼仪，最终成为一代圣贤。很多时候，引导在潜移默化中就完成了。

我的好朋友邹敏，虽然没有像孟母一样为了孩子屡次搬家，但是也非常注意引导。她们家马路对面就是派出所，每天都有很多穿制服的警察进进出出。她非常想让孩子成为那样的人，就告诉孩子，警察叔叔能帮助大家抓坏人，保护人民，是了不起的人，一定要向警察叔叔学习。多年的耳濡目染，让她的女儿认定，警察叔叔是世界上最了不起的人，自己也要成为像警察叔叔一样的人，成为有用的人。有一次，我问她："你长大后想做什么呢？"她几乎是不假思索地回答我："我想做一名警察。"

有理想和没理想的孩子，是不一样的，有理想的孩子会有一个伟大的前程，没理想的孩子，很可能浑浑噩噩过一生，所以，你还觉得理想是一个离孩子遥远的话题吗？还觉得和孩子谈理想为时尚早吗？

孩子的理想要从小培养

经常听到家长抱怨自己孩子没有理想，其实孩子的理想是需要从小培养的，如果孩子在小的时候，你没有把理想种到他的心里，那么之后就很难让理想在他心里开出花来。

我表姨家的表姐就是一个惨痛的例子。我表姨是一个普通的家庭妇女，每天只知道洗衣服做饭，收拾家，对教育孩子一点儿也不懂。所以表姐五六岁了，表姨还不知道教授她些知识，甚至都不知道送孩子上学，等到表姐长到八岁，表姨看见其他人都把孩子送进了学校，村子里再没有孩子疯玩时，才把表姐送到了学校。可是送到了学校，也没有告诉表姐，为什么要把她送到这里来，更没有告诉她上学有什么好处，以至于表姐浑浑噩噩地上了几年学，都不知道自己为什么坐在教室里。

后来表姐长到十几岁，村子里有不少孩子都辍学打工去了，表姐也跟着辍学回家。至今表姐还漂泊在外面，不知道将来该干点什么。有一年回家，我遇到她，问她："你现在年纪也不大，

一切都可以重新开始，你想想自己要做点什么？”表姐幽幽地说：“我什么都不想做，我也不知道自己能做什么。”

当时我非常奇怪，不甘心地问她：“那你小时候就没想过长大了要做点什么吗？”她茫然地摇了摇头，告诉我没有，之后，又加了一句：“那时候是小孩子，只知道瞎玩，也没人告诉我啊，就知道吃饱不饿。”

她虽然说的更接近于玩笑话，却让我心里泛起一股悲哀，如果小时候表姨告诉她什么叫理想，再为她种下一个理想，她的今天，也许不是这个样子。

有一次我外出开会，遇到一个女孩子，让人敬佩的是，她是从一个名不见经传的小村子自学出来的。她说，小时候妈妈就告诉她，一定要好好读书，将来才能有本事，有出息。她听了妈妈的话，开始努力学习，并告诉妈妈，等她有出息了，一定把爸爸和妈妈都接到城里去。可是，有时候命运却是不公平的，她爸爸妈妈先后重病，她不得已还是离开了心爱的课堂。只是，她人虽然离开了学校，但是心里这个梦想却没有变，农闲的时候依旧喜欢读书写字。2000 年的时候，电脑走进了千家万户，她节衣缩食，又软磨硬泡地央求家人给自己买了一台电脑。买了电脑不会用，她又每天骑着自行车到十几里地之外的镇上去学习。学会了电脑，她就有了一把打开世界大门的钥匙，不仅在网络上学了不少课程，还撰写文章，成了一个小有名气的写手。

开会的时候，我们惊讶于她的坚强和努力，她却说自己感谢自己的妈妈，如果不是妈妈从小就告诉她，读书可以改变命运，要好好读书，做一个有出息、有用的人，恐怕她就和村子里的其他女孩子一样，早早结婚嫁人了。

人是需要梦想的，但是也需要有一个人帮你点亮它。家长就是帮孩子点亮理想的这个人。

那么家长要怎样帮助孩子点亮理想呢？

首先要给孩子一个理想的意识，告诉孩子，只有有理想，将来才会有所作为。

瑞瑞小的时候，当然也不知道什么是理想。为了让他有理想、有志气，我给他挑选绘本和故事的时候，重点挑选激励人心的名人故事。并告诉他，人只有有理想，才能成为伟大的人。他那时候小，对“伟大”有着盲目的崇拜，非常喜欢听这些故事。听完一个，就兴冲冲地告诉我：“妈妈，我长大了也要像他一样。”现在回想那段时光，他想成为的人有许多许多，听画家王冕的故事，告诉我他也要成为一个画家；听郑成功的故事，告诉我他要成为一个民族英雄；而听到成吉思汗的故事，更是豪气万千地告诉我，他想成为成吉思汗一样伟大的王者。虽然他想成为的人有些庞杂，但是幸运的是，理想这个词已经深深刻入他的头脑里了。一次家族聚会，有好几个小孩子，大人们就问他们：“你们长大后想干什么呢？”有一个孩子说帮着爸爸妈妈干活儿，一个说长大结婚娶媳妇，只有瑞瑞说长大了要当一名旅行家，走遍世界上所有的地方，再把各个国家的故事写给别人看。虽然说的都是孩子话，当不得真，但是我也很欣慰，起码孩子知道有一件事情叫远方，有一个词汇叫梦想。那一阶段瑞瑞的"梦想"很丰富，但是无论他说想成为谁，想干什么，我都没有阻止他，这是理想塑形阶段，不需要有具体的理想，但是必须让理想的豪情扎在他的心里。

孩子的成长是需要榜样的，想要让孩子有理想，最好还要给孩子找一个行动的榜样。有一阵子瑞瑞疯狂喜欢上了奥特曼，有时候还以奥特曼自居，说自己就是来自 X 星的奥特曼，是来消灭怪兽，保护地球的。我和他爸爸就引导他，奥特曼可是非常勇敢的，你现在还不敢一个人睡，怎么能成为奥特曼呢？他想了想，说："那好吧，我也一个人睡，不过你能不能让奥特曼来陪我呢？"他的话让我和他爸爸哭笑不得，不过也给他买了一个巨大的奥特曼。

奥特曼除了勇敢，还能帮助弱者。我们就告诉他，奥特曼不仅仅勇敢，还经常帮助弱小，你想成为奥特曼，也要和他一样，帮助比自己弱小的人。他说好，他一定像奥特曼一样，成为一个真正的男子汉。有一次我带他和小表弟到公园玩，不知从什么地方窜出一只小狗横在了我们面前，瑞瑞一下子挡在了小表弟的面前，并告诉小表弟不要怕，自己会保护他的。可是我听声音就能听出来，他也是害怕的。事后我问他："你就不怕小狗咬你吗？”他说：“有点害怕，但是我是奥特曼，我要保护小表弟。”

让孩子从小有理想是好事情，但是因为他们年龄小，对事物的理解能力弱，加上一些错误观念的影响，孩子对理想的解读也会出现很多偏差。

所以，教育孩子树立理想的时候，还要指导孩子有正确的“理想观”。

冯路路的爸爸妈妈经营着一家小超市，经常谈论金钱，耳濡目染，谁要是问路路长大想做什么的时候，路路总是说要挣很多很多的钱。爸爸听见了，马上告诉他，爸爸妈妈赚钱是为了让咱们家生活得更好一点儿，你长大了，除了赚很多钱，还有很多事情要做，不能把赚钱当作自己的理想。

路路想了想说：“那我长大了当大官行吗？”爸爸告诉他，当官也不能算作理想，真正的理想是为大家做事，给社会创造价值。比如医生，可以救死扶伤为人们解除痛苦；军人，保护国家不受侵犯；教师，为社会培养更多的人才……路路想了想说：“那我要当科学家，开发更多高科技，让大家生活得不这样辛苦。”

有理想的孩子有未来，但是让孩子有理想，也不是一次两次的说教，孩子就能理解和接受，需要耐心引导，更需要指点。有志不在年高，理想这件事情，越早让孩子知道越好，越早，越能在孩子心里扎下根来。

理想不是纸上谈兵，帮孩子树立目标

理想和梦想是孩子最愿意挂在嘴边的词，经常听到孩子嘴里飞出这样的豪情壮语：我要当科学家，我要当宇航员，我要成为最厉害的人，我要当作家……有志不在年高，孩子有远大的理想和梦想是一件让人欣喜的事情，没有梦想的孩子没有未来。但是还有一件比拥有梦想更重要的事情，就是要有一个具体的行动目标。再伟大的梦想，没有细致的规划和一个个小目标的逐渐累积，都遥远得如天上的星星，是没有办法实现的。孩子还没有良好的规划能力，所以，帮孩子树立一个明确的奋斗目标，是家长必做的一门功课。

冯梅的儿子王嘉上中学后，最大的梦想就是考年级第一名。他把这个梦想写在了日记本上，隔上几天就要看上几眼。可是如此热切的期待，并没有让他如愿以偿，两个学期下来，他不仅没有考到年级的第一名，成绩始终在年级中间徘徊。屡战屡败，使得他学习都提不起精神，人也变得忧郁。

作为妈妈，冯梅很快就知道儿子忧郁的原因，马上帮他制订了一个新的学习计划：120 分的试卷，王嘉的语文能考 90 分，她让他争取考到 100 分，数学和英语是王嘉的弱项，平时只能得八十几分，争取在保持住这个成绩的基础上再提高一两分。王嘉看着这个计划，非常不理解，生气地问她："这样低的要求，自己什么时候能考到年级第一名呢？"她告诉王嘉，想当第一名是好事，但是以他现在的成绩离考第一名还有很大的差距。最好的办法，就是让各科的成绩都提高一点儿，一点点向第一名靠拢。冯梅又帮助儿子制订了详细的学习计划，王嘉按照妈妈的计划学习，期末的时候，虽然没有考到年级第一名，成绩也有了很大的提升。

因为不知道自己的实际能力，孩子给自己树立理想或者制订计划的时候，都喜欢定得远大。目标远大些虽好，但是目标远远超过了自己的能力，执行起来有一定的难度，而且比较笼统，不容易看到胜利的曙光，不知道怎样去执行，使得孩子很难把这个理想坚持到最后。最好的办法就是把他的这个目标具体化，把飘在天上的理想，变成明确的目标。

因为工作和文字打交道，我每天都要在电脑前面忙碌几个小时，有时是写文章，有时候是回答家长的一些困惑。瑞瑞五年级的时候，对这些很是羡慕，我工作的时候，就在一边看，还不止一次地和我说，长大了之后要当一个作家，每天在电脑上写文章，而且要做一个最伟大的作家，让全世界的人都读他的作品。

我只把这些当成小孩子的玩笑话，因为对于小孩子来说，梦想可以比天上的星星还要多，今天想当医生，明天想当企业家，后天又想当游戏师，完全随着心情走，是作不得数的，也不用太过理会，一切顺其自然最好。可是到他上初一的时候，我发现他真把这个梦想当真了，竟然在本子上写起了小说，并且告诉我，他要写一部长篇。我明白他可能是真的想写作，可是上来就写大部头，不仅是天方夜谭，更是不可能完成的任务，他的年龄、能力和笔力，都不可能让他完成这个梦想。

“你真的想写小说吗？”一天吃完晚饭我问他。

听见我问他，他回答得理直气壮：“当然是真的了。”并说，自己要像唐家三少一样，写玄幻小说。说完还从书包里掏出一个笔记本，告诉我这些都是他小说中的人物和要写的故事。我看了看，里边七七八八地写着几个人的名字，还画了很多线，估计是人物之间的关系，还挺像样子的。不过看横七竖八的名字，就知道他这本“小说”字数不少。我试探地问：“那你这个小说字数一定不少吧？”“那当然，你没看过玄幻小说吗，我得写 50 万字呢！”瑞瑞说完担忧地看着我，“你不是不同意我写吧，你不是说只要不影响学习，我做什么事情你都不干涉我吗？”我说不是，虽然学生不太适合写小说，但是我也不会粗暴反对，只是觉得你目前的年龄和水平，驾驭人物有难度。

我可不是打击他的积极性，据我所知，他平常的作文虽然天马行空，想象力丰富，但是也就能写四五百字左右。这样的写作功底，就是写一篇千字文章，都是有难度的，更别说“长篇巨制”。

听到我这么说，他的眼神黯淡下来，刚才的斗志也一扫而光，同时也噘起了嘴：“那也就是说，我不能写小说了吧？”我说：“不是不能写，而是做什么都要有基础，你现在写一篇作文都写不好，又怎么能写好这几十万字？如果你能把作文写好，我就同意你写小说。”说完我告诉他人的能力是一点点通过积累提升的，你现在可以练习每天写一篇日记，日积月累，终于有一天，你会有能力实现你写小说的梦想。

在孩子的心目中，越远大的目标才可以称之为理想和梦想，对于眼前的一个个小目标，有些不屑一顾。不仅是孩子，有些家长也经常步入这样的误区，认为孩子的志向不够高远，其实再高的目标又能怎么样？如果你不一点点积攒力量，又怎么能够实现？无论多么光鲜亮丽的梦想，都是靠一个个小目标的完成来实现的，就像登山，只有登上一个又一个台阶，才能抵达山顶。理想永远不是纸上谈兵。

为了让孩子梦想成真，我们就要帮他们树立正确的目标。

那么怎样帮助孩子树立正确的目标呢？

帮助孩子树立目标不能好高骛远，要切实可行。每个孩子都想成为最棒的一个，也都想考高分，但是有各种各样的原因，能成为最棒的那一个只是少部分人，大多数孩子还是站在平凡的地平线上。这时候家长就要根据孩子的能力，为孩子制定切实可行的目标，比如孩子能力在班级是中等水平，就让孩子保持这个成绩，再在这个基础上提升，而不是拼命让孩子考第一，给孩子带来心理压力。

给孩子树立的目标要容易实现，让孩子能快速看到自己的成长，尝到成功的喜悦。我认识一个家长，他的孩子有些胖，还不太喜欢运动。他深知运动对一个孩子的成长有多重要，每天带着孩子跑步，不过他没有硬性给孩子规定跑步的时间和路程，而是根据孩子的身体情况而定。比如，第一天孩子跑了300米，第二天他只要求孩子跑310米。孩子不愿意多跑，但是多跑10米，还是很愿意配合，也很容易达到的。他用这个每天多10米的目标带孩子坚持跑步，中考的时候，孩子轻松跑完了1000米。

经常提醒一下孩子，让孩子不要忘掉自己定的目标。孩子有一个特点，说得快，忘得也快。孩子定目标容易，但是忘得也很容易，有时候没有几天就把自己定目标的事情忘到脑后去了。这时候，作为家长就有必要提醒一下孩子。轩轩想参加学校的英语比赛，妈妈帮他制订了一个小计划，每天听10分钟英语。但是轩轩有时候玩高兴了就把这件事情忘了，害怕轩轩忘掉，妈妈每天早上都会提醒轩轩听英语，很多时候，轩轩起床，妈妈就帮忙打开了英语音频。慢慢地，轩轩养成了早晨听英语的习惯，最后如愿地被选上参加了比赛。

所以家长不要为孩子的目标渺小而责骂孩子，帮孩子明确目标，并且引导他按部就班地完成，就为孩子寻找到了实现梦想的钥匙。

脚踏实地更能实现梦想

每个人都想实现自己的梦想，而每一位家长更是希望自己的孩子梦想成真。可是梦想说起来容易，执行起来却很难，有很多人只是奔赴在实现梦想的路上，却根本没有抵达梦想的终点。因此，就有很多人发出这样的感慨：梦想是天上的星星，可望而不可即，是不会那样轻易实现的。是的，梦想是不会那样轻易实现的，但是梦想也并不是遥不可及，只要脚踏实地，一步一个脚印，就能触摸到梦想的天花板。

瑞瑞是一个心气特别高的孩子，因为是家里第一个孩子，非常受宠爱的缘故，养成了“唯我独尊”的坏习气，总是认为自己是最强大的。而且他人也机灵，在幼儿园里深得老师的喜爱，得了好几张奖状，更让他觉得自己是最厉害的人，常挂在嘴边的一个“梦想”就是，上小学的时候考100分。很快，瑞瑞就到了上小学的年纪，让他大跌眼镜的是，他不再是最强大的那一个，班里那些小朋友似乎都比他强，都比他厉害。班级各种测验，他一次 100 分都没拿到。一次，老师奖励了所有考得好的孩子每人一个小红花，瑞瑞却只考了 70 分，不仅没得到小红花，还被老师狠狠地批评了几句，他非常难过，不服气地对我说："有什么了不起的，下次我也要考 100 分！"可是下一次考试的时候，他还是没考 100 分，不仅没考到 100 分，连 90 分都没考到。他非常难过，从学校回来就躲在了房间里，吃晚饭的时候都没有出来。

我知道他因为考得不好而伤心了，急忙开导他："你不是听说过'胜败乃兵家常事'这句话吗？这次没考好，说不定下次就考好了呢？"可是他还是噘起了小嘴："我就是想考 100 分，我也想得奖状和小红花，我还要当那个最厉害的孩子。"我听了好气又好笑，告诉他，想考 100 分是没错，可是你现在才能考到七十几分，一下子想考 100 分，有点不现实，我们要一步步来，我相信只要努力，一定会考到 100 分的。

瑞瑞有些将信将疑，不过暂时也没有好的办法，只好点头表示听从我的建议。看见他同意了，我马上拿过卷子，帮他分析哪里做错了，哪道题是应该错的，哪道题是不应该错的。这样一分析，我们马上找到了问题所在，他做题有些马虎，好几个计算结果都算错了，另外还有两道题没有写。这两道题一个 3 分，白白地就丢了 6 分。分析完试卷，我告诉他，我们先不急着考 100 分，先考 80 分，再考 90 分，然后再冲刺 100 分。

之后，瑞瑞按照我的建议，不再盯着 100 分，而是一步步脚踏实地地听课，做题，第二学期的时候真的就捧回了一张 100 分的试卷。

拿回试卷的那天，瑞瑞特别兴奋，大声地对我说："妈妈，一步一步来真能实现梦想啊？！"我告诉他那当然，所有的梦想都是需要一步一步脚踏实地实现的。

相对于成年人，小孩子对梦想的实现速度显得更加急迫，定了一个小目标总是不停地追问什么时候能够实现。这份急切的心情是可以理解的，但是家长一定要告诉孩子，实现梦想的最佳途径就是一步步脚踏实地地往前走，不然所有的梦想都将是空中楼阁。

瑞瑞班上的几个孩子因为拉丁舞跳得好，被选送到电视台参加春节联欢晚会了。瑞瑞知道后充满了羡慕和嫉妒，他和我说，他好喜欢电视里那些跳拉丁舞的王子的样子，感觉他们好帅，还说自己要是学拉丁舞的话，一定也会被选去参加联欢会的，并央求我也给他报一个拉丁舞特长班。刚好我们家附近就有一家拉丁舞学校，我就给他报了名，做了一个插班生。

刚上课的时候，瑞瑞特别开心和兴奋，好像一下子就能成为闪耀的明星站在舞台上了，可是上了两节课，瑞瑞马上皱起了眉头。原来他报名的时候，已经上了好几节课了，那些孩子基本动作都已经学会了，只有他是零基础，跟着老师跳几下还行，整套动作连起来就跟不上节奏了。更不好的消息是，我们市里下一个月有个庆祝活动，学校已经接到了邀请，老师说跳得好的同学可以参加，瑞瑞很想去，但是老师告诉他这次他不能参加。他说的时候声音里带着哭腔，也充满了极大的不满。

我知道他“争强好胜”的毛病又犯了，问他：“你那么想参加这次演出吗？”他说是，并说他等这次机会都等很久了。我告诉他，机会永远会有的，现在最关键的就是你要把舞练好，你连基本动作都没学会，老师怎么能放心让你参加表演呢？你现在要做的，就是什么都不去想，把老师教的动作都做好了，可能老师看到你动作做得好，又努力，就让你参加了呢！

说完这些我又问他，是不是忘了考 100 分的事情了，如果你不是安下心来认真做题，能得 100 分吗？

我这一问，好像让他想起了什么，不再闹情绪，上舞蹈课的时候也非常认真。虽然这次演出很遗憾他没能够参加，但是老师告诉他，只要他好好跳，下次有这样的活动，老师一定让他参加。

有了老师的承诺，他跳舞的积极性高了很多，一年以后果然如愿以偿地参加了市里的庆祝典礼，也算实现了他当初学舞蹈时的梦想。

这两件事情之后，我们做了一个约定，无论有什么远大宏伟的目标，都不要急于求成，要一步一步慢慢来。有一次他从学校回来，兴高采烈地告诉我，老师让他代表班级参加学校的演讲比赛了，而且老师还说，他一定会取得一个好名次，为班级争光的。透过他得意的小脸，我仿佛看见他身子后面翘起来一个大尾巴。看着他得意扬扬的样子，我马上泼了一盆凉水："那你有没有想过，老师对你的期望这样高，那你要是得不到好名次怎么办呢？"他的小脸马上就暗了下来："要是那样，我也不知道啊，那我明天和老师说不参加了。"遇到困难就打退堂鼓，这是什么逻辑呢？我告诉他，老师选你参加，是表示你能胜任，但是，这仅仅是老师认为的，如果你不认真准备，一样不会取得好成绩，你忘了妈妈说的，做什么事情都要不慌不忙，脚踏实地，一步步来吗？何况还有两周的时间，我们脚踏实地，按部就班，充分准备，一定不会让老师失望的。听我这样说，他才又转忧为喜。

接下来，我们就进入了筹备阶段，先选择参赛作品，他选了他最拿手的《沁园春·雪》。这首诗朗诵的时候，需要表现出一种磅礴的气势，他朗诵得好是好，这种气势却怎么也出不来，我们家附近有一座不高的小山，我灵机一动，带他上山感受"一览众山小"的气势，回来之后，每天早上起床和睡觉前都练习半个小时，再加上电脑中音频的辅助，他朗诵得有模有样，两周之后，如愿地为班级捧回来一个一等奖。拿奖品回来那天，他乐呵呵地说，这个奖品有我的一半功劳，要不是我让他脚踏实地地好好练习，一定拿不来奖的，因为另外几位参赛的同学表现得也非常好。

从那以后，他做什么都不再急躁，也不再急于求成，并且煞有介事地说，做什么事情都不能心急，要一步步来，心急永远吃不了热豆腐。

是的，心急永远也吃不了热豆腐。想要实现梦想，要一步一个脚印往前走。

不要嘲笑孩子的微小爱好

每个孩子都有一些大大小小的爱好。这些爱好，有的看起来微不足道。但是再小的爱好，都是孩子的兴趣所在，也都能成为孩子理想的火种，虽小，却不应该被嘲笑。

有这样一个故事，一个国王，有好几位王子。有一天国王闲着无事，把几位王子召集在身边问他们，你们平时都喜欢做什么呢？你们最大的愿望又是什么呢？年龄最大的王子知道父亲是在考他们，就说："父王，我平时最喜欢读书，我最大的愿望就是，读遍我们国家的书，做一个像您一样的国王。"国王听了很满意，接着问第二个儿子："你最喜欢干什么呢？你的愿望又是什么呢？"这个儿子比较喜欢骑马和射箭，就告诉国王："父王，儿臣喜欢骑马和射箭，将来想当一个彪悍的将军，保护我们的国家。"国王听了也十分满意，接着问第三个儿子。第三个儿子年龄最小，平时的"工作"除了玩，就是玩，也没做什么具体的事情。不过他喜欢做木工，没事的时候就躲在木器房里。听见爸爸问他，他就把自己的理想如实相告：“我喜欢做木工，以后打算做一个最伟大的木匠。”他说完，还没等国王开口，另外两个王子就大笑起来。国王制止了两个人，告诉他们，虽然三王子的爱好很不起眼，微不足道，但是也是弟弟最喜欢做的事，我们也应该为他高兴，而不能嘲笑他。

这个故事告诉我们，孩子再微小的爱好，都不应该被嘲笑。可是现实生活中，却很少有这样开明的父母。

孙梦琪有一个非常奇特的爱好——剪纸。每天吃完饭，写完作业，就拿着一把剪刀剪来剪去。一次，她写完作业，又拿起了剪刀。妈妈看见了，马上不高兴起来，大声斥责她：“有那个时间看看课外书不好吗？把好好的纸都剪碎了，还不快点把东西收起来！”

爸爸在客厅里听见了，也走过来说：“做点什么不好呢，剪纸干什么？把时间都浪费了，要是你实在没什么事情做的话，明天再报一门课外班吧。”孙梦琪听了，只好委屈地收起了剪刀。

像孙梦琪的家长一样的人，生活中还有很多，他们一谈到孩子的兴趣爱好，马上在头脑中进行划分：这个爱好有没有用，有用的，大力支持，没用的，加以反对。而评判有没有用的理由，往往是未来有没有发展，中高考能不能加分。很少从孩子真心喜欢这上面来考量。其实，家长这样想，就曲解了兴趣爱好的本意。兴趣爱好就是工作之外，自己最感兴趣的事，这件事情能让自己放松，让自己获得快乐，和金钱利益没关，甚至和未来发展都没有关系。而世界上最伟大的老师就是兴趣。

不是只有当作家、科学家才叫理想，也不是只有打球、跑步、阅读才叫爱好，世上的事情有三百六十行，孩子的兴趣爱好就能有三百六十种之多。只要孩子感兴趣，没有太多的不良影响的爱好，我们都应该赞成和支持。纵观历史，有许多天才的成就，都是兴趣爱好演变来的。

著名漫画家朱德庸初中的时候，学习成绩不好，在一所纪律管理很差的学校就读。这样的学校，学生的学习情况可想而知，而更不幸的是，他还被分在了“烂”班里。课堂上同学随意打闹，没有几个人认真听课。老师讲课也讲得敷衍。随波逐流，朱德庸也就不好好上课。但是在教室里又不能随处走动，朱德庸只好拿出本子画画，结果一画就一发不可收，不仅成了报纸的特邀漫画作者，还成了全国知名漫画家。朱德庸在文章中提到这段往事的时候说，自己的爸爸也知道自己画画的事，但是并没有责骂他，更没有禁止他。

现在细想，如果他的爸爸像上文提到的孙梦琪的父母一样，出言阻止，我想，朱德庸一定成不了漫画家。是爸爸的默认和支持让他有了今天的成就。

而像这样的事情不胜枚举。

一个作家在文章里讲过这样一个故事，小时候，有一阵子他喜欢上了画画，每天没事的时候，就拿着纸笔四处涂鸦，有一天被爸爸看见了。爸爸不仅没有表扬他，反而打了他一巴掌，质问他："画这个能有什么用？"他从此以后再也没有拿过画笔，虽然一直都很想画，但是一拿起画笔，就会想到爸爸那一巴掌。心理学家武志红说过，家会伤人，伤人最多的就是家人的嘲讽和不理解。对于一个小孩子来说，嘲笑和讽刺是他的致命伤，有时候一辈子都走不出伤痛的阴影。

所以，想要让孩子有一个健康的人生，有一个良好的发展，就不要嘲笑孩子那些哪怕微小的爱好。更多的时候，这些爱好是孩子人生成长的救命草。

不仅不能嘲笑，还应该支持。

苏姚的儿子非常喜欢玩魔方，孩子曾经告诉他，自己玩魔方的时候，觉得特别专注，也特别舒服。他听了，不仅帮儿子买来了很多种魔方，有的魔方很难，他还在网上下载了很多教程，让儿子跟着学。平时自己没事的时候，就和儿子一起进行魔方比赛。

苏姚的妻子劝他，魔方给孩子买一两个玩就够了，再说玩魔方也不是什么正当的爱好。

他听了马上反对，说，孩子喜欢就有孩子喜欢的理由，作为爸爸，我没有别的选择，只有支持他。

现代教育有一个突出的理念，就是要尊重孩子。这个尊重也包括尊重孩子的这些微小爱好，尊重是一种巨大的支持和认可，孩子感受到这份尊重才会更加爱这个世界，也才会愿意探索这个世界。

小孩子的梦想，不一定从一而终

“你说我们家的孩子，去年问他的时候还说想学新闻，将来做一个新闻记者，今年就想学计算机，成软件工程师了，这孩子怎么这么不定性呢？”闺密团相聚，多年的闺密琳达说出了她心中的困惑。

闺密有一个上高中的儿子，马上要高考了，正处于决定命运的高考季和人生方向抉择期，可是却在高考前夕把全家商定好了的大学方向给改了。他语文成绩一直突出，并且也羡慕新闻记者的工作，曾经立志学新闻，做记者。而今年却说要学计算机，做软件开发。更糟糕的是，他学的是文科，计算机是理科专业，如果要改学，就要重新复读，晚考一年。全家把所有的利弊都和他讲了多次，但是他却一根筋，偏要学计算机。甚至和班主任申请提前留级。闺密为这事气得白了很多头发。

她解释说，自己不是气孩子重读，浪费了美好青春，而是气他对“梦想”朝令夕改。什么事情不都应该是从一而终吗？

梦想怎么可以说换就换呢?

是的，世上最难的事情是坚持，最强大的事情也是坚持，无论是梦想，还是技能，只要坚持下去，一定会守得花开。但是对于孩子的梦想来说，真的不需要从一而终。

好友的女儿吴笑笑从小喜欢跳舞，也幻想着长大做一个漂亮的舞蹈演员，但是到了初中的时候，就对英语和翻译感兴趣了，尤其是羡慕新闻联播时坐在国家领导人身边的女翻译，于是把自己的梦想由舞蹈家升级成了翻译家。去年，也是临近高考，填报大学志愿的时候，笑笑却把专业选成了服装设计，说希望成为世界顶尖的服装设计师，让明星穿着自己设计的服装走红毯。

小孩子本来就是多变的。有一句话说得好，孩子的脸就像六月的天，说变就变。孩子的梦想也是这样，也是说变就变的。可能上一秒说自己想当一名警察，下一秒就说自己想当一名教师了。

我们挑选商品都是经过比对，才知道孰优孰劣，孩子的梦想也一样，也在一次次选择和放弃中挑选自己更喜欢的、更适合自己的、自己最想去做的职业。

小时候，我最大的梦想就是做一名老师。是真心的喜欢，和小朋友玩游戏的时候，我总是提议玩老师教学生的游戏，开始做游戏的时候，还自告奋勇地当老师，带着小伙伴们读书写字。老师布置写理想的作文，我也都在作文本上端端正正地写着“我想当老师”。

也不知道是因为玩这个游戏太多了，还是看着老师忙忙碌碌，觉得太辛苦了，大约在小学五年级的时候，我不喜欢当老师了。我的作业簿上，写理想的篇目，变成了一名护士，一个女孩子，穿上洁白的护士服，多帅啊！而且护士还有一个优雅的名字——“白衣天使”，多悦耳和美好。可是后来稍大些，我发现我不适合当护士，因为自己胆子小，并且超级害怕打针。一个害怕打针的人，又怎么能当护士给别人打针呢！而我更应该去做一个小说家。因为一、我喜欢看书，什么类型的书都令我着迷；二、我喜欢讲故事，也喜欢写作文，肚子里也有很多故事，迫不及待地想分享出去；三、我喜欢安静。这可是作家和小说家必须具备的条件。我觉得小说家更适合我。所以整个高中，《我的理想是……》的作文，又变成了小说家。后来随着年龄的增长，理想又换了好多，现在细细想起来，可谓是纷杂了。可是理想多又能怎么样呢？一点儿也没耽误我好学上进，成为一个有用的人。

有一句广告词说得好，鞋子合不合脚只有自己知道，套用一下这句话，孩子的梦想合不合适，也得等孩子斟酌对比一番才能知晓。试想想，你成长到今天，一路走来是不是也有很多斑斓的梦，是不是也一直在调整方向？

可有的家长不这样认为，我的闺密就是一个例子。很多年前她就和我们抱怨过孩子“朝秦暮楚”的事，那时候她的孩子也就十一二岁吧。我们就开导她，孩子的人生之路刚刚开始，之后的路还长呢，可是她听不进去，拼命告诉孩子要坚持一个梦想。那时候，她孩子小，正是唯她“马首是瞻”的年纪，不怎么反驳她。她为此沾沾自喜了好久。没想到，现在长大了，能自己做选择、做决断了，马上变换了理想的内容。估计孩子早就有这些想法了，苦于年龄太小，害怕妈妈反对，就没敢说出来，在高考的这个紧要关头，突然出击，打了妈妈一个措手不及。

其实，孩子变换梦想又能怎么样呢，理想是人进步的动力和方向，只要有理想、有梦想，并且有追梦的勇气，那么一切就都没有问题。

有这样一个故事，一个孩子小时候喜欢画画，而且画得非常好看，妈妈看他有画画的天赋，并且真心喜欢，就花大力气培养，希望他勤学苦练，之后成为一名画家。可是孩子在长大些的时候，却对绘画没了一点儿兴趣，相反喜欢上了木雕，没有事的时候，总是拿着刻刀划来划去。后来他又按捺不住心性，去学木版画。现在这个孩子成了著名的木版画家，据说他绘制的木版画结合绘画和木雕技巧，屡屡在国际大赛上获奖，为木版画开创了新篇章。

孩子的梦想可以是多变的。作为家长，不要阻挠打击，那样会干扰孩子前进的方向。在这点上，我非常佩服我们小区里的莫姐。莫姐也有一个理想很多，并且隔三岔五换梦想的孩子。不过莫姐没像闺密那样，一夜之间白了头发，而是遵从孩子的建议，孩子说想做什么，就支持孩子去做，她做好孩子的后勤。有一段时间，儿子要学跳舞，她风雨无阻陪学陪练，过一阵子孩子爱上了书法，她又举双手赞成。她悉心记着儿子的梦想，为儿子创造追梦条件的时候，鼓励孩子不要忘记暂时搁置的那些梦想，把它们变成自己的爱好。

孩子非常听她的建议，虽然只为了一个理想而奋斗，把其他的梦想都变成了一个爱好。比如，这个孩子曾经想当书法家，学了一阵书法，她告诉孩子，可以不当书法家，但没事的时候也可以练练字，修身养性；比如这个孩子曾经梦想做长跑运动员，她告诉孩子可以不做运动员，但是一定要保持跑步这个好习惯，没事的时候就锻炼一下，将来才能有好身体……现在，她们家孩子虽然有了一个主目标——研究生物，那些小梦想，一点儿没丢。

所以说，那些担心孩子总是不停地变换理想，毫无定力，将来一定一事无成的人，多多少少都有点杞人忧天。

孩子有梦想就好，管他有几个梦想！而且孩子梦想多，特长多，多才多艺，将来步入社会，会更有竞争力。很多事件已经表明，现在需要的，不仅仅是高精尖人才，更需要复合型人才，那样才能在竞争中立于不败之地。

所以，孩子有多个梦想没什么不好，更不是“十恶不赦”的大事，家长不要大惊小怪，更不要杞人忧天。家长要做的就是鼓励孩子，在追寻梦想的这条路上，砥砺前行，不放弃。

第六章

放手，孩子才能打造翅膀

父母的角色就是引导孩子投入生活，让孩子与母体分离。可是生活中不少父母却舍不得放手，只知道自己的臂膀最宽厚，自己的港湾最安全，却忘了，孩子早晚有一天要自己经风历雨，只有放手，孩子才能有机会打造飞翔的翅膀，不放手，孩子永远学不会独立行走。

每个孩子都渴望飞翔

星期天，好友关颖在朋友圈大发感慨：真是孩子大了，翅膀就硬了，自己的儿子想要单飞了。

原来新学期马上开学了，她 13 岁的儿子和她谈判，新学期要住在学校里。可是他们家与学校只是一墙之隔，在家里都能听到下课铃声，根本没有住校的必要。当初买这个房子也是为方便孩子上学买的，在她的孩子成长规划里，根本没有孩子住校这个规划。怎么好端端的提出住校呢？

作为妈妈我非常理解好友的心情，辛辛苦苦捧大的宝贝宣布要独立，就像抽了妈妈身上的一根肋骨，要多疼有多疼。可是，不能因为这个疼，就把孩子一辈子捆在身边，你照顾不了孩子一辈子，孩子也不愿意被你照顾一辈子，因为，他也想远走高飞，也想看看外面的世界。

我有这样深刻的体悟。一天，我闲着无事，在淘宝上闲逛。儿子做完作业也把小脑袋凑了过来。我看的是厨具，各种烧烤、涮锅图片一个个出现在手机屏幕上，因为只是随便看看，我翻动得很快。突然，儿子让我停下来，指着一款烤涮一体锅说："这个才 100 多块钱，等我自己出去住的时候就买这口锅。"

我听了大吃一惊，不过马上反应了过来，笑着问他："你出去住，你什么时候出去住啊？"儿子笑着说："那还用说，等我长大就出去住了，我早晚不是要出去住的吗？"

他说的这句话着实让我大吃一惊，在我的计划里，也从来没有他出去住的设想，也没有和他提及过。他才是一个 14 岁的孩子啊，他怎么会有这个想法呢？我开他玩笑："真是翅膀硬了，要单飞了啊！"他看了我一眼，说："有哪个孩子不想长大，不想自己生活呢？我早就想自己住了，就是没长大，你们不让！"儿子说完，郑重地和我商量，等到 18 岁的时候，可不可以让他自己出去住。

我几乎是惊掉了下巴，不过瞬间就冷静了下来，我十几岁的时候，不也和儿子一样渴望"单飞"吗？那时候，我上初中，就幻想着有一天从家中搬出去自己生活，后来上了高中这个感觉更强烈，干脆搬到了学校的宿舍里。也不是爸爸妈妈怎样严厉，对我不好，就是觉得，自己长大了，不应该再和父母住在一起，要自己生活。我那时在家里有一个房间，我把它打造成我自己的城堡，谁都不让进，一放学我也不和大家说笑，躲在我的小天地里，觉得这才是我真正的世界。当时自己对自己的行为还很不理解，儿子这天的话为我解开了困扰许久的谜团。我长大了，就是要离开你，自己生活，这是再正常不过的事情，有什么大惊小怪的呢？有什么不可理解的呢？

每个小孩都渴望长大，都渴望自己掌控自己的生活，在爸爸妈妈身边再衣食无忧，再幸福，终究是在爸爸妈妈的掌控下，我想过的是自己操心自己，自己说了算的日子，更想看看家之外的地方是什么样子，没什么不应该，没什么不妥。

家长不舍得孩子飞翔，听到孩子要独自飞就觉得挖骨掏髓，舍不得孩子离开。可是你再舍不得，孩子还是要自己面对这个世界的，你护得了一时，能庇护得了一世吗？

每个孩子都渴望飞翔，只是有的孩子内敛，不愿意把这想法说出来，而有的孩子张扬，迫不及待地宣布自己长大了，要独自历练了。孩子渴望自己飞翔的心思有多强烈呢？关颖儿子的情况给了我们很好的答案。关颖说，自从儿子说要独立后，就开始着手准备自己的独立行程：儿子的姑姑住在百里之外的哈尔滨，暑假儿子在网上买了一张火车票，要独自去姑姑家过暑假。姑姑家经营着一家小超市，他要在姑姑店里“勤工俭学”，用赚来的钱回来和同学一起旅行。可以说计划要多完美有多完美，要多周全有多周全。

你舍不得孩子远行，是舍不得孩子离开，舍不得孩子受苦，可是外面的世界对于孩子有无上的吸引力，他们渴望看到外面的样子，就像小鹰，即使外面有风雨，也渴望自己去经历一把，试一下。

人生是需要梦想的，更需要奋斗、拼搏的精神，想要高飞，就是梦想启航的第一步，作为家长，我们应该为他们有这个魄力和勇气而骄傲，而不是在后面拖他的后腿。

这一点，我们远没有动物的妈妈“狠心”。有一天我在老家过暑假，看见一只鸽子在教小鸽子飞行，外面下起了雨，小鸽子害怕被雨淋，站在鸽房门口，说什么也不肯飞出去，鸽子妈妈就一直用嘴啄，一下下把小鸽子啄到鸽房的外面。连鸽子都知道，自己不能保护小鸽子一辈子，需要放它们出去历练，我们谁也不可能保护孩子一辈子，有什么舍不得放手的呢？

孩子要高飞，就要给孩子掌声和鼓励，即使暂时不具备高飞的条件也要让孩子知道，等你能飞的那一天，妈妈一定为你撑开翅膀。

沙航东是一个特别独立的孩子，总幻想着有一天自己也能像小鹰一样搏击长空，翱翔万里。妈妈知道他的这个梦想后，提前为他打造翅膀。妈妈的一个朋友开了一家火锅店，放暑假的时候，妈妈和朋友说好，让他到店里打工。打工赚的钱让他自己支配，让他既体会到工作的辛苦，又体会到赚钱的快乐。而家里的旅行计划，出行准备，都交给他来打理安排，为他以后自己独立生活增加经验。他妈妈说，经过这一系列的锻炼，将来孩子真的独立走向社会，她也不用太过担心。

说到这个话题，总让我想起电视上看的一个情感谈话节目，一个含辛茹苦的单身妈妈，非常舍不得自己的孩子远离自己的视线，小学、初中、高中全程接送，孩子读了大学，她到儿子读大学的城市租房陪读，后来儿子交了女朋友，提出两个人要单独出去租房子，她又追到儿子的出租房里。最后儿子没有办法，也拗不过她，毕了业就随她回了家乡，说自己哪也不去了，就在家里陪她。回了家儿子早已经没有了斗志，什么也不做，每天就是在家打游戏，女朋友看他这样颓废，和他分道扬镳。女朋友一走，对他更是打击，他更是什么也不做了，成了名副其实的“啃老族”。她到节目来，希望情感老师劝说儿子能够振作起来，出外工作。可是儿子的话却让她及情感老师束手无策。他说：“我的所有斗志都在当年你把我拉回来时就死掉了。”“哀莫大于心死”，情感老师表示没有办法说服他。

所以，当关颖发出这条朋友圈之后，我在下面留言，孩子想飞就让他飞，千万别捆住孩子的翅膀。因为孩子早晚要远行，我们现在的放手，就是为他们准备将来的行囊。

今天的狠心成就明天的放心

孩子是家长的心肝宝贝，在孩子成长的过程中，几乎每一个妈妈都是矛盾的，一方面希望宝贝长得快点再快点，好张开翅膀拥抱这个世界，一方面又希望孩子长得慢一点儿，好在自己的臂弯里多眷恋几年。

好友娟子正饱受着这样的煎熬，她的小王子考上了兰州大学，9 月初开学就要奔赴祖国的大西北。她是既高兴又难过，高兴的是孩子终于羽翼丰满，可以自由翱翔了，难过的是孩子就要离开她的怀抱，独自生活了。她老公是一名警察，在一次执行任务中不幸牺牲，她独自抚养孩子，可以说这个孩子是她亲大、捧大、爱大的，孩子就是她的生命支柱和灵魂寄托，她的所有日子都是因为孩子才光鲜亮丽，有滋味的。而今孩子要离开远行，她心里除了不舍还是不舍。

她和我们说，自己真的想辞职去陪着孩子，不是有多依恋，而是她不太放心，孩子从小到大都是她在照顾，孩子什么也不会做，她担心孩子照顾不了自己。可是她还要上班赚钱，给孩子提供后方的给养，现在是进退两难，不知如何是好了。

同样是妈妈，我非常理解她的心情。但是理解并不代表同情。在养育孩子的过程中，她应该想到有今天的这场分离的，母子一场就是一场分离，每个孩子都要离开妈妈，每个妈妈都要离开孩子。既然知道彼此必然分离，就应该把这些生存的技能早日教给孩子，而不是在分开这一天肝肠寸断。对于教育孩子这件事，今天的狠心，永远成就明天的放心。

在这一点上，我非常感谢我的妈妈。小时候我们家住在一个小城市里，爸爸妈妈要赚钱养家，没有人帮忙照顾我，甚至没有人接送我放学，爸爸妈妈就把一串钥匙挂在我的脖子上，让我一个人回家，并为小小年纪的我分派了很多家务。我也变得非常独立能干，七八岁的时候，我就可以拿着他们准备好的钱到小市场买菜，等着他们回来做。后来我大了点，就可以自己做饭吃了。平时在生活上父母也不娇惯我。当时我也算是一个小孩子，看着别的孩子放学之后可以跑出去玩，看见他们被爸爸妈妈捧在手心，偷偷地怪爸爸妈妈狠心，可是后来我上了中学，优势马上显露了出来，中学要住校，几乎所有的女孩子都哭鼻子，只有我没有哭，而且把自己照顾得很好。我这才知道了妈妈的良苦用心，如果爸爸妈妈把我当成小公主，我也许什么都不会做。

而和我一样，我朋友小梅也非常感谢她的妈妈，她说小时候，她们家的院子里住着好几户人家，其中一家有一位和她年纪相仿的小姑娘，小姑娘的妈妈特别溺爱孩子，什么都不让她做，每天心肝宝贝地叫着，而她的妈妈什么事情都让她做，做不好就会招来一顿责骂。她非常羡慕小女孩，“憎恨”自己的妈妈，认为妈妈是“后妈”，一点儿都不喜欢她。后来上了大学，她才知道妈妈的好处，妈妈什么事情都让她做，她自理的能力非常强，几乎没有事情能难得倒她。

我们不舍得孩子远行，最大的原因还是害怕孩子照顾不好自己，对他们不放心。其实，在孩子小时候“狠”点心，长大了真的就能多放一些心。妈妈说，她一点儿都不担心我在外地照顾不好自己，因为她知道我什么都会，完全能应付过来。而梅子同样也说过这样的话。去年，梅子的女儿争取到了学校公派留学的名额，漂洋过海去了法国，她和我们说，孩子第一次出这样远的门，她有一点点想念，但是完全不担心，因为她知道女儿能力超凡，一切都会处理好。

她这样说是有底气的。欣慰她借鉴了自己妈妈教育孩子的“精髓”，舍得让孩子吃苦，舍得放手，对孩子“狠”，孩子什么都会做。记得她的女儿六岁的时候，就可以自己洗袜子；而晚饭后洗碗的工作，早在她女儿八岁的时候就成了女儿的工作了；她女儿十岁左右，周六周日的早餐就交给了女儿。当时我们开玩笑，说她狠得像后妈。她说不是自己有多狠心，现在的社会，孩子没有了动手能力，都成了高分低能儿童，高分好考，但是孩子高能却是要靠日常培养和练习的，她不希望自己的孩子将来有一天分数能考100分，生活能力为0分。她今天的狠心，是为了成就明天的放心。

现在看她的女儿在法国惬意地生活，终于明白她在教育孩子这件事情上是对的。孩子不能永远生活在我们的臂膀底下，我们也不可能照顾孩子一辈子。所以，还是要对孩子狠一点儿。现在越“狠”，孩子将来越轻松，你就越放心。

提到对孩子“狠”，总是让人忍不住想起《小猫学艺》那个寓言，猫妈妈要教小花猫学习捉老鼠的本领，小花猫不认真学习，反而躺在太阳底下睡大觉，猫妈妈一改以前的温柔，对小花猫又抓又咬，直到小猫同意随她捉老鼠为止。今天的狠，都是为了孩子明天的好。

当然对孩子“狠”，并不代表对孩子冷言冷语，对孩子狠，只是对他的行为举止进行规范，让他的羽翼更加丰满。但是也是要讲究方式方法的。如果不得法，引起孩子的反感或者误会，会得不偿失。那么，怎样对孩子“狠”才恰当呢？那就是一定要让孩子明白你狠的背后藏着的爱。让孩子知道，你对他要求严厉，是为了让他以后更轻松。晓之以情，动之以理，最好在孩子年纪小的时候就潜移默化地做，这样孩子接受得会更自然些，随着年龄的增长就会变成自己的习惯。

那么在哪一点上面“狠”呢？

首先，在孩子的生活习惯上。孩子以后是要独立走向社会的，所以家长要尽早把生活技能教给孩子，以免孩子在将来步入社会的时候方寸大乱。

其次在学习习惯上。现在是网络时代，智能产品的横行让孩子对学习的兴趣越来越小，对电子产品的依赖越来越强，有很多孩子出现厌学的现象。一定要告诉孩子，读书虽苦，但是你通往世界的路，你有万千种想法，没有学识，一样是寸步难行。

孩子终将自己走向社会，所以，即使我们万般不舍，还是要把孩子成长的权利交给他们，把遮风挡雨的本领传授给他们，这样他们才可以如我们所愿，翱翔在自己的天空。

每个孩子都能够照顾自己

家长们都喜欢关心照料自己的孩子，尤其是妈妈们，对孩子的照料可以说是全方位，无微不至，总害怕孩子不能照顾自己。

一次去一家小餐馆吃饭，看到一位年轻妈妈正带着她的孩子吃面条。她的孩子已经四五岁了，她还是喊来服务员拿来一只碗，把面条夹成一小段一小段让孩子吃。服务员也是一个四十多岁的中年人，告诉她说，孩子这样大，可以自己吃了。她马上反驳说，面条太长了，孩子不会吃，还说在家里比这弄得还短。而让人大跌眼镜的是，她刚说完，孩子就奶声奶气地对服务员说："阿姨，我会吃，就是妈妈不让我自己吃！"说完还拿着筷子到长面条碗里夹起了一根，引起周围人一阵善意的笑声。我没有笑，而是在想一个问题，是不是孩子本来就知道照顾自己呢？

我们家瑞瑞一岁多刚会走路和说话的时候，有一年夏天我带他到姥姥家去玩。姥姥家下了车还要走一段路，我牵着他往前走，恍惚间听见他轻轻说了一声“有点热”。我没有太理会，因为那天天气并不太热，而且我也没给他穿太多的衣服，他说“热”有些不切实际。可是没走几步路，他突然停下来，挣脱我的手去解衣扣，边解边说：“热。”而我把手放在他的脖颈上，发现脖颈里湿乎乎的，我才知道他不是乱说的，是真感觉到热了，于是帮他把上面两个衣扣解开。

这样小的孩子就知道因为热要解衣扣，真的能证明孩子是知道要照顾自己的，遇到事情会自己想办法的。那么，为什么现在经常出现孩子不认识没剥皮的鸡蛋、不会剥虾的新闻呢？只有一个原因，爸爸妈妈对孩子照顾得太过精细，忘了照顾自己是人的一种本能，小孩子也知道照顾自己。

好友璇子给我讲了一件他们家孩子的趣事。他们家有一个七岁的宝贝儿子轩轩。有一天，她和老公因为晚上加班太晚了，早晨就多睡了一会儿，等他们醒来听见厨房有动静，急忙走进去看，发现轩轩正在厨房里面泡方便面。孩子说自己起床饿了，又看见他们在睡觉，就没叫他们，自己找了一袋泡面，想煮着吃。谁知道面还没煮好，他们就已经醒了。轩轩说的时候满脸遗憾，好像他们起来早了，破坏了他独享早餐一样。两个人吓得赶紧逃出了厨房。坐在床上的时候，他们还在想轩轩什么时候学会做饭的呢？可是想了半天也没想起来。

她奇怪地问我：“你说孩子自己弄吃的，自己照顾自己是不是与生俱来的本能呢？”

我说是，接着给她讲了儿子的故事。我刚讲完她就哈哈笑了起来，笑着说：“原来我心心念念想什么时候把这些技能都教给儿子呢，看来不用了，这些能力都是天生的。”能力是天生的，可要激发出这种天生的能力，就要像二维码一样把它激活了。激活的办法是适当放手，给孩子自己照顾自己的机会。

徐欣然是个90后新手妈妈，她就深知这个道理，孩子九个月时就锻炼孩子自己吃饭。为此她特意给孩子买了一套餐具。那时候她们家还和婆婆住在一起，每次吃饭她都让孩子自己吃，引起了婆婆极大的不满，尤其是看到被弄得一片狼藉的餐桌时更是怒不可遏，说没看见过她这样当妈的。可是她还是坚持自己的做法，并且霸道地不许婆婆喂饭。等孩子到了四五岁，她又让孩子自己洗袜子，收拾玩具，收拾床铺，依旧是霸道地不听别人的反对意见。现在她的孩子已经十岁了，不仅自己的琐碎事都能照顾好，而且每周末都会和她一起打扫卫生、做扫除。而一到放假，家里做早餐的任务就是女孩儿的了。徐欣然说，现在我出门把孩子一个人放在家里都放心了，因为她已经有足够的能力把自己照顾好了。

只要给孩子机会，小孩子是能够创造奇迹的。日本有一个五岁的小女孩，每天早晨起来要做早餐、收拾餐具、洗衣服、晾晒衣服、收拾房间等好几项工作。放学回来还要把这些工作重复一遍，与此同时，她还要照顾生病的妈妈。而网络上也经常有小男孩、小女孩照顾生病的爸爸妈妈，用小小身体撑起家的新闻。孩子虽小，但是你给他做事情的机会，他做出的事情不比成人差。可是，这样的事情并不多，现在生活条件好了，家长都不想让孩子受委屈，总想着把最好的留给孩子，独独忘了一件事情，要把最好的生存方式和生活技能留给孩子，这才是孩子一生的财富，不然纵然给孩子金山，孩子也会坐吃山空的。

大家也许还对网上一个新闻有深刻印象吧，那个新闻是，有一个 23 岁的年轻人在家里活活饿死了。二十几岁的年轻人，居然能饿死，答案只有一个，这个人懒，不知道照顾自己。那么这样懒的理由呢？当然是年少时家人一手操办，一手代劳导致的。小时候被父母捧在手心里，衣来伸手，饭来张口，四体不勤，五谷不分，长大会变得什么事情都会做、都愿意自己做才怪。而这又给多少父母敲了警钟。对孩子千般呵护，万般照料，什么都舍不得让孩子做，什么都不教给孩子做，到后来，孩子真正该照顾自己的时候，也不会懂得去照顾自己了，那时候他不仅不会照顾自己，还懒得照顾自己。

每个孩子都有照顾自己的因子，不过想要把这个因子激发出来，做家长的一定要学着放手，让他们自己的事情自己做。就像著名教育家陈鹤琴说的那样，凡是孩子能做到的事，都要让孩子自己去做，不要代替他。

对孩子最大的尊重是相信他

我们经常说尊重孩子，其实对孩子最大的尊重，就是相信他。

同学会上，晓敏讲了一个令人啼笑皆非的故事。

一个周末，她临时要到单位加班，把上初中的孩子一个人留在家里复习功课。走的时候，为了防止孩子玩手机，她把孩子的手机关机，并且装进了自己的包里面。可是工作的时候，她忘了这件事，一次一次打电话回家“查岗”，听到儿子手机关机的提示音，以为儿子在家玩游戏，故意不接她电话，匆匆忙忙和领导请假赶了回去。可是回到家里让她大吃一惊，孩子根本没玩电脑，而是在家里认真做作业。只是看到这一幕，她还有些不死心，追问儿子为什么手机关机，是不是为了偷玩游戏？儿子哭笑不得地对她说：“我的手机不是被你拿走了吗？”接着从她的包里翻出了手机。拿出手机之后，儿子说：“妈，没想到你这么不相信我呀？”她说，那一刻你们不知道我有多尴尬，好像我是一个小偷，被抓了一个现行。

其实这不仅仅是晓敏的故事，现实生活中，很多家长都不相信自己的孩子，他们不相信自己的孩子听话懂事，更不相信自己的孩子能变好，孩子改变一下，总是认为后面藏着什么“大阴谋”。

有一次，瑞瑞出奇地懂事，告诉我放心地和爸爸参加朋友的聚会吧，他会好好地在家学习的。好像是条件反射，听见他的话，我和他爸爸马上摇头反对，并且异口同声地说：“不行，怎么能让你一个人在家里，你把我们赶出去想做什么？”瑞瑞被弄得哭笑不得，无奈地说：“我就是想一个人在家里感受一下，你们怎么就不相信我呢？”又说，“你们放心，我不玩电脑，不看电视，好好做作业。”说完还像煞有介事地掏出一张纸，写了一份“保证书”。他都这样坚决了，我们决定给他一个机会，就答应了他，不过还是提前一个小时就回来了，回来的目的就是为了“抓”他。回来后，爸爸检查他的作业，我则到电视和电脑跟前去摸后面热不热。看我们这样，瑞瑞转身进了自己的房间，还把房门重重地关上了。

后来他同我说，看到我们这样，他非常生气，他没想到我们如此不信任他，他提出一个人在家，就是想感受一下一个人在家什么样，同学都说，一个人在家的时候，既安静又舒服。他说完我们才恍然大悟，原来真是误解他了。我们以为他在家里要“做坏事”。

信任和尊重才是给孩子最好的爱。《窗边的小豆豆》是日本著名的儿童故事书，已经翻译成十多种文字在全世界发行，就是讲了一个对孩子信任和尊重的故事。淘气包“小豆豆”因为淘气被学校开除，来到了巴学园，没想到巴学园就是一个“信任”的乐园。上学第一天，校长就听他滔滔不绝地讲了四个小时的话，期间没有一点儿不耐烦，而且总是用“接下来怎么样呢？”“又发生什么了呢？”让他把自己的故事讲得更长、更久；连选课程的方式，都是充满信任的，老师把当天的课程和需要讲述的内容写在黑板上，告诉孩子们，从你们最喜欢的课程开始上；用餐也是，不硬性告诉孩子什么都要吃，不偏食，让孩子们带“山的味道”和“海的味道”的便当……总之，一切的一切，都把主动权交给孩子，让孩子感受到巨大的被信任感和被尊重感。

这也是这本书风靡世界的原因。据说它改变了数千万人的教育观念，对儿童教育起了巨大的推动作用。

不可否认，每个家长都是爱孩子的，但是，当你表现出了不信任，孩子感受到的可不是爱。

那次我们跑回来四处查看瑞瑞在家里“做坏事”的蛛丝马迹之后，瑞瑞和我们的关系明显冷淡了许多，有事情宁愿憋在肚子里，也不愿意同我们说了。有一次，他们老师生病了，几个孩子商议去看望老师，瑞瑞却没有告诉我们实情，而是撒谎说和同学出去玩。还有一次，我发现他放学回来走路跛着脚，让他脱了鞋看看怎么回事，脱了鞋一看，他的好几个脚趾都是肿着的，可是我怎么问他也不说。没有办法，我只好偷偷给老师打了电话。老师说上体育课的时候，瑞瑞不小心和同学撞在了一起，刚好扭了脚趾。还特意叮嘱，男孩都多动，是那个同学撞了瑞瑞，要我别骂孩子。问明了情况，我问瑞瑞受了伤怎么不告诉我们。瑞瑞看了我一眼说："如果我说被同学撞的，你能相信吗？"

他的话让我心里一惊，才知道对孩子的一次不信任已经让他成了"惊弓之鸟"了。我连忙告诉他："我信，为什么不信呢？"

不过看他的表情，有点不太相信我的话。经过一系列事情，我发现，对孩子信任有多重要。在网上看到一句话，你的信任是孩子的精钢铠甲，能让孩子披荆斩棘。你的不信任却是挫骨刀，让孩子感到寒冷和心碎。

爱他，真的应该从信任他开始。

好友栗子在这一点上做得特别好。栗子有一个帅气的儿子，从儿子懂事起，她对儿子就充满了信任。那时候她的儿子才上小学一年级，一天放学回来，她发现儿子的文具盒里多了一块漂亮的橡皮，连忙问怎么回事。孩子告诉她放学的时候太着急了，可能把同桌的橡皮装在自己的文具盒里了。栗子老公听了，生气地说："就是再忙，也不能把别人的东西装在自己的文具盒里面啊，我看你就是喜欢这块橡皮才拿的！”栗子马上打断了老公的话，并告诉孩子，她相信了他说的话，并且告诉他明天还给同桌。用我们的话说，她是对儿子无条件的信任。

更能体现她信任儿子是孩子上初中时候的一件事。儿子上小学的时候,隔壁班有一个非常漂亮的小女孩,不知道什么原因,两个孩子下课就喜欢在一起玩，后来两个人上了中学，分在一个班里，关系更亲密了，上学放学经常走在一起。同学们都起哄说两个人在谈恋爱。她也听到了，问儿子是不是像大家说的一样在恋爱。孩子告诉她,两个人只是好朋友,根本就没有恋爱,她便不再说什么，任凭两个人继续交往。当时我们都听说了这件事，旁敲侧击地劝她，现在的孩子最会打掩护，没有一个孩子肯亲口承认恋爱的，不要太相信孩子的话。她说，我相信，因为我知道自己的孩子是一个好孩子，做事情会自己决断，更不会撒谎。后来事实真的像她说的那样,两个孩子并没有谈恋爱,只是很谈得来的朋友。

栗子这样信任孩子，作为好朋友，我们一度为她担心，担心她无限地相信孩子，会不会纵容孩子，让孩子养成坏习惯？孩子能不能当得起这份信任呢？栗子告诉我们，这个担忧是有些多余的，因为心理学家经过研究比对发现，越是被充分信任的孩子，越不说谎，因为他知道自己做的事情都可以被相信、被理解，所以不需要用谎言来掩饰。

想想她说得很有道理，我做的什么事情你都相信我，还用得到我说谎吗？

每个人最需要的就是一份信任感。古代的侠义故事里，为了朋友的一份信任，可以肝脑涂地，两肋插刀。孩子也一样，一份信任，可以让他们收获满满的安全感和满足感，还有沉甸甸的被尊重的感觉。

所以，爱他就选择信任他，让他相信你的爱，信任你的好。

最恰当的爱，是放手让孩子自己走

我最不忍心回忆的关于瑞瑞成长的镜头是这样一幕：时间是他上幼儿园的前几天，幼儿园门口，我把他放在门口和他摆手说再见，之后看着他一步三回头地往幼儿园里面走。他边走边挥手抹泪的动作，每看一下他的这个动作，我都恨不得追上去，牵着他的小手走进去。但是每次我都忍住了，因为我知道，有第一次就有第二次，甚至就会有第三次，无数次。我需要狠点心，人生的路，让他自己走。

对孩子的千般爱，有一种最恰当的方式，就是放手，让孩子自己去尝试，去感受，让孩子自己去承担自己生命的历程。

母爱最得体的距离就是放手，然后在孩子身后，看他自己一点点走。

这种放手，包括衣食住行，包括寒温冷暖，包括各种技能和习惯。

永远忘不了瑞瑞第一次走路的情景。那天，阳光明媚，我在房间里逗他玩。突然我有些口渴，站起来打算喝水。看见我站起来，瑞瑞也跟着摇摇晃晃地站了起来，并且也学着我的样子，颤颤巍巍地迈开了脚步，只不过刚迈开一步，就晃晃悠悠地摔倒了。我高兴坏了，连忙走过去扶他。婆婆见了，说："不要扶，他还能站起来自己走，你要是扶，他就该不走了。"于是我站在那里，看着小小的他一次次站起来，一次次歪倒下去。后来婆婆和我一人坐在一边，让瑞瑞在我们两个之间慢慢挪动脚步，没几天，他就能摇摇晃晃地从我这边走到婆婆那一边了。这一点，我非常感谢我的婆婆，她没像有些长辈一样，舍不得孩子受屈，舍不得放手，舍不得孩子哭闹，而是不代劳，让孩子自己摸索着去学会行走。

听过一个故事。一个妈妈老来得子，全家宠爱得不得了，并且给孩子制定了严格的作息时刻表，几点喝奶，几点换尿片，几点哄睡，几点喂水，简直是呵护备至。可是，不遂人愿的是，这样一个捧在手里的金娃娃，三岁了还不会说话。家人急坏了，辗转各大医院诊治，结果都是一样，孩子没有病，但为什么不说话，都说不出具体的原因。实在没有办法，家人把孩子带回了乡下。一个老人知道了孩子的情况，对家人说，不给孩子喝水和饮奶，饿上一天。家人大吃一惊，也心疼不已，但是为了给孩子治病，只好照办。可是没等饿到一天，只早晨没给吃东西，还不到中午，就听孩子说："饿，喝奶。"老人说，孩子不是不会说话，是你们给孩子安排得太过周详，孩子不需要说话了。试想一下真是这样，当发现有人为自己料理一切的时候，谁愿意自己“操心”呢？

小孩子不会，大孩子更不会。我的同事小美讲了一个她们家亲戚的故事，亲戚家小女儿长得甜美可爱，深得家人的喜爱，什么事情都不舍得让孩子做，甚至放学回来脱外衣这样简单的事情，都是妈妈代劳。每次孩子放学回来，手一伸，妈妈就会把书包帮她摘下来，把外衣帮她脱下来，往沙发上一躺，妈妈就会帮她把外裤拽下来。后来，孩子上了初三，回家的时候，依旧是往沙发上一躺，由妈妈为她拽下外裤。

有一年暑假，这个孩子参加学校夏令营。夏令营地点是内蒙古。内蒙古有大草原，更有风沙和蚊子。出去玩，头发一会儿就被吹乱了，她不会自己洗头发，头发乱糟糟地纠结在了一起，同行的老师和学生看不下去，帮她洗了头发。那场面要多尴尬有多尴尬。

如果她的妈妈懂得放手，孩子绝不会遭遇这样尴尬的事。

我们身边经常遇到这样的家长，孩子的事情，事无巨细包办代办，只是你能包办一时，你能包办一生吗？就像雄鹰，总有一天要飞向蓝天；就像小鸟，总有一天要展开翅膀。我们的孩子总有一天也要离开我们温暖的怀抱，离开我们的家，过他们自己的生活。所以，我们要懂得放手，舍得放手，孩子才能早日练硬臂膀。

所以，爱孩子，一定要放开手。人生的路，是扶上马，送一程，我们只负责把他们扶上马，之后的路，要他们自己来走，这不是残忍，是大爱。